走進哈佛大學心理諮商室

岳曉東——著

作者序

重溫登天的感覺

這本書的寫作念頭，萌發於一九九五年十月我參加在上海同濟大學舉辦的第三屆全國大學生心理健康教育與諮商大會。這是我第一次參加此會，藉機認識了許多心理諮商與健康教育的同業。在與大家的交流中，我深切地感受到人們對心理諮商與操作缺乏感性的認識。因為當時市面上已有好幾本心理諮商的理論書籍，但對於如何開展心理諮商、其中有什麼注意事項和操作技巧，缺乏案例介紹，於是我決意寫一本書把理論要點都放入註釋中，把案例、點評都放在後面。這樣的編排就不會影響書中每個案例描述的完整性和獨立性。

具體寫作是在一九九六年下半年，我趁休假，集中寫了兩本心理類的科普讀物，一本是此書，還有一本是《少年我心》。兩本書的差別在於，本書在分析別人，以幫助個人成長；《少年我心》在分析自己，透過梳理個人生活中的里程碑事件，從心理學角度加以深刻地反思。本書首次出版在一九九七年下半年，與《少年我心》同時。一九九八年夏，中國中央電視臺「讀書時間」還為此書做了一期節目。

從我一九九一年第一次回中國講授心理諮商的基本理論和技巧以來，轉眼已過了二十四個年頭。從當時人們對心理諮商一知半解，變為今日人人對其饒有興致，逐漸成為當世一大顯學，發展不可謂不蓬勃。而拙作亦有幸在心理諮商迅速發展的這二十多年裡，為廣大讀者和心理諮商從業人員提供些許幫助和指導，對此我深感榮幸！

本書為最新修訂版，除了對原先案例分析做了進一步修訂，讓讀者能更清晰、直觀地感受心理諮商的魅力外，還添加了許多國際最前端的心理學研究領域——心腦科學知識，期待讀者在心靈成長的同時，獲得這門將愛與科學相結合的學科所帶來的另類驚喜。

一晃近二十年過去，我十分感慨，歲月流逝，我已年近花甲，而本書不斷再版，甚至今天能出版白金版，像少女那般吸引讀者。我，感恩不盡！

首先要感謝廣大讀者對本書的厚愛！

近二十年來，衷心感謝大家賞識拙作，並在不同場合加以推薦。我在講課與交流時，時常有人告訴我，他的入門心理學是看了此書，或進入心理諮商領域是受了此書啟發，甚至有人告訴我曾以此書傳情、以書為媒。凡此種種使我受寵若驚，感謝大家親口告訴我這一切，讓我屢屢感受「登天的感覺」。想當初，我只是想寫一本心理學的科普讀物，以為幾年熱潮過去就會成為故紙一堆，沒想到這本書竟然這麼有生命力，真心感謝讀者們的關注。

其次要感謝此書創作過程中，幫助我的幾位好友。

要感謝的人很多，主要有三位，一位是北京師範大學出版社的許金更編輯，她不斷遊說我出版一本有關心理諮商的科普讀物，並在第一次出版的編輯工作中投入了大量的心血和精力，使本書一出版就獲得廣大心理學愛好者的喜愛。一位是北京師範大學的鄭日昌老師，最早幫助我與中國的心理諮商同行建立聯繫，並介紹我與許金更編輯認識，落實書的出版事宜。另一位是清華大學心理學系的樊富珉老師，對此書的寫作與編排提出很多寶貴意見，使它有了立體感和層次感。我對他們三位，感激不已。

再次要感謝北京磨鐵圖書有限公司的團隊。

磨鐵圖書這幾年來出版了許多好書，而且都暢銷與長銷，在心理學類圖書出版領域更是碩果纍纍。其中尤其感謝魏玲女士和韓煒編輯，兩位出版人與我多次見面，為本書的編輯、排版、行銷等方面進行了細緻地推敲，令我十分感動。

最後，值此成書近二十週年之際，得到許多好友幫助和推薦，例如清華大學的彭凱平教授和知名主持人楊瀾女士，國際心理化教育研究院院長應力研究員也在心腦科學方面給了我許多專業的建議；另外，汪瞻同學在本書的文稿修訂過程中付出了辛勤的努力，在此一併感謝！更有幸的是，此次再版獲得了我曾在哈佛大學時的兩位導師羅伯特・雷萬恩教授（Robert A. LeVine）和霍華德・嘉納教授（Howard Gardner）的推薦，讓拙作更添光彩！

願拙作能使更多人瞭解並喜愛上心理諮商，願更多人能夠體驗到「登天的感覺」！

是為序。

岳曉東　二〇一五年冬，於香港

臺灣版序

人際溝通的藝術

承蒙時報文化出版《走進哈佛大學心理諮商室》，我深感榮幸！並藉此機會說幾句感謝的話。

首先，我深深感謝廣大讀者對拙作的厚愛。我當初著寫此書，是為了推動心理諮商事業（在臺灣稱為諮商）在華人社會的發展。二十年過去，有不少人告訴我這本書的確起了作用，這令我深感欣慰。還有人信告或面告我此書使他們明白了什麼是心理諮商，以及心理諮商給人帶來的「登天的感覺」，我亦深感榮幸。其實，這也使我明白了什麼是寫作給人帶來的登天的感覺。

其次，我感謝時報文化的編輯及企劃同仁，對這本書在臺灣的出版投入了大量的精力，相信這本書會更具風采，且更有參考價值。

再次，我想說明，拙作介紹的個案涉及了心理諮商、心理分析和心理治療等方面的情況，不但反映了心理諮商的不同表現形式，也揭示心理諮商的常見問題。凡此種種，旨在增強人們對心理諮商之性質與操作的瞭解。希望此書能使您真正瞭解心理諮商這一崇高的行業，並愛它。

最後，我想強調，此書雖然是寫給我的同行們看，但也適合給一般學生、家長、教師、機關主管及醫務人員。因為本書涉及的心理學問題在日常生活中十分普遍，而做為一個心理諮商人員，需要學會傳達各種同理心的資訊，使用不同的諮商技巧，來幫助案主巧解心結。

由此，心理諮商堪稱人際溝通的藝術，而善解人意則是每個人投身心理諮商行業的終極目標。誠望此書能使大家懂得「善解人意」在日常生活中是多麼重要！

是為序。

岳曉東　二〇一六年夏，於香港

前言

阿靜是深圳火車站柏靈頓咖啡廳的服務員。

一天下午，一個學者模樣的年輕人走進咖啡廳，在一角坐下，叫了一杯皇室咖啡。

他坐在那裡，鋪開一張紙，寫寫停停，時不時仰望著天花板出神。

阿靜感到很好奇，就上前問道：「先生在寫什麼？」

那人抬了一下頭說：「噢，在構思一本書。」

「是什麼書啊？」阿靜又問。

「是關於心理諮商的書。」

「什麼是心理諮商啊？」阿靜不解地問。

那人頓了一下，放下筆，右手托著腮幫，看著阿靜，反問道，「妳說呢，妳覺得心理諮商會是什麼呢？」

阿靜想了想，怯生生地說：「心理諮商是……是不是為做生意的人提供資訊的？」

那人乾笑了一下，搖搖頭。

「那心理諮商是不是教人怎麼開心的？比方說，我每天工作很累，也不開心，有時候找一個朋友聊聊天就會感覺好一點，你說是不是？」阿靜改口說。

「嗯，也是，也不全是。但比上一個答案要貼近一些。妳讀了幾年書？」

「六年。」阿靜臉上掠過一絲羞色。

「那妳在工作之餘都喜歡看些什麼書？」

「我喜歡看有關愛情的小說，像瓊瑤的小說啦，我就挺愛看的，也很好懂。那你在哪裡做心理諮商？」阿靜又好奇地問。

「在哈佛。」

「哈佛在哪裡啊？」

「在美國。」那人頓了一下，接著問阿靜，「妳有沒有聽說過哈佛大學？」

「沒有。」

「妳有沒有聽說過北京大學？」

「沒有。」

「那妳聽說過什麼大學？」

「贛江師範。因為我爸爸在那裡進修過。」

「是嗎？」那人笑了。

阿靜微紅著臉說：「你不要瞧不起人嘛！」

「沒有，沒有。」那人止住了笑，接著一臉嚴肅地問阿靜，「如果我寫一本有關心理諮商的書，妳會看嗎？」

阿靜皺了皺眉頭說：「如果你寫的書不枯燥，不講大道理，又有文學的味道，而且最好是與愛情有關，我就會看。」說完，忙著招呼其他顧客去了。

「不枯燥，不講大道理，有文學味道，最好與愛情有關。」那人認真記下了阿靜說的話，端起咖啡陷入了沉思。

* * *

那個人就是我。

寫這本書，是我學心理諮商的夢想。因為我厭倦了用空洞、抽象的術語來講解心理諮商的原理。我渴望寫出一本通俗易懂的讀物，在引人入勝的情節中，展示心理諮商的目標和原理。也就是說，我想寫出一本對心理諮商一無所知的人都想看、也都能看得懂的書，做到雅俗共賞，老少皆宜。

那麼，該怎麼寫呢？我陷入了無盡的思索當中。此時，我巧遇阿靜，並有了上面的一段對話。我細細地咀嚼她說過的話：「不枯燥，不講大道理，有文學味道，與愛情有關。」這不就是一般人的閱讀取向嘛！

我感到豁然開朗，開始了此書的創作。

這本書記載了我在哈佛大學心理諮商中心實習期間，經手的十個諮商個案。為了保護當事人的隱私，我在人名和情節上都做了一些適當的調整和處理。但我沒有憑空編造故事，畢竟我不是小說家。我只是依據當初的諮商手記，將個案的發展加以情節化描述。同時，為了便於廣大讀者及專業人員的思索與探討，我在每個故事後加入了一段個案分析，就個案的性質、特性、諮商方針及操作方法等問題，進行了詳盡的討論。畢竟心理學是一門專業性很強的科學，心理諮商是一項需要專業訓練的職業。

在寫作中，我還加入了一些在美國留學八年的感悟和體會，並就一些內容、詞彙及心理學專門術語做了有關的註釋，以便讀者進一步瞭解。

為了提升、擴大大家的閱讀興趣和知識範圍，我在每個個案分析的後面，還加上一些有關心理學或心理諮商的小知識。

以上是本書的基本構架。

* * *

本書的個案不可能都與愛情有關；但是，每個個案都與人情有關。如果愛情只是兩人間的互敬互愛，那麼，人情就是人世間的互敬互愛。心理諮商正是這種互敬互愛的表達與交流的藝術。所以，看完這十個個案後，我希望讀者在瞭解心理諮商的基本原理和操作方法的同時，也認識到人與人之間是多麼需要這種互敬互愛！

心理諮商也可謂人之心靈溝通的學問。既然是藝術，就需要想像及自由發揮的空間。因此，心理諮商需要感悟、想像與創造。這也是為什麼心理諮商會有這麼多流派分支。僅就美國而言，記錄在冊的專業心理諮商和治療方法就有三百多個，而且還在不斷增加。做好心理諮商工作需要的遠遠不僅是心理學方面的知識。這一切也是本書想要表達的意思。

隨著社會的不斷發展和生活水準不斷提高，人們對個人精神狀態的關注也日益提高。心理諮商做為增強人們心理健康和精神快樂的重要手段，也必將大盛於世。但是，比起世界上發達國家和地區，心理諮商在亞洲的發展還很緩慢，人們對心理諮商的性質、目的及操作方法還普遍存在著許多不解和誤解。本書的目的之一即是使讀者從對心理諮商的疑慮中解脫出來，去擁抱並享受它。心理諮商也真是使人開心的藝術！

最後，本書還記述了我在哈佛大學的一些見聞，那裡是許多年輕人嚮往的地方。那裡的人們雖然有他們的生活方式，有自己的快樂，但也同樣有著各種憂愁煩惱。其中有些憂愁煩惱可以引起我們的思想共鳴，有些憂愁煩惱則是我們無法想像的。所以，此書也希望增加讀者對美國社會和文化的瞭解，特別是美國的校園生活。尤其是從一些不同的角度去發現留學生的快樂和煩惱，以備有朝一日您也到那裡求學，不至於一下子感到強烈的「文化震撼」（culture shock）。

希望此書能增加您對心理諮商的瞭解。
希望此書能為您的生活帶來智慧和快樂。

目錄

作者序：重溫登天的感覺 003
臺灣版序：人際溝通的藝術 006
前言 008

緣起篇／我與心理諮商——踏進心靈溝通學問的殿堂

一、登天的感覺
心理諮商追求的意境是什麼？ 029
心理諮商追求的目標是什麼？ 030
心理諮商的高明何在？ 031
心理諮商何以給人「登天的感覺」？ 032

二、哈佛大學心理諮商聖地：林登街五號
心理諮商場所應給人什麼樣的第一感覺？ 039
心理諮商場所為人創造一片心靈淨土 040

個案篇／我與案主，共同行走於心靈之巔

一、我是全哈佛最自卑的人
新生適應不良綜合症 049
行動步驟一：宣洩不良情緒 051
行動步驟二：轉移比較物件 053
行動步驟三：採取具體行動 056
【個案分析】 057
【諮商話外音】 062

二、我對姐姐懷有深深的內疚
反移情傾向 072
負罪感才是轉學的原因 076
「把話講完」是情緒宣洩的必要步驟 079
過去是忘不掉的，談清楚才能獲得內心的平靜 081
【個案分析】 084
【諮商話外音】 086

三、職業選擇：聽自己的，還是聽父母的

在現實的社會，該如何選擇職業？ 094
溝通與傾聽 095
主動出擊的威力 100
相互尊重的成果 102
【個案分析】 104
【諮商話外音】 107

四、愛情神話的破滅

完美主義與自我中心 117
原來我們早就有問題了 119
維納斯的斷臂 122
寬恕在愛情和婚姻中的重要性 124
安慰語言是人類最古老的療方 126
【個案分析】 128
【諮商話外音】 132

五、對考試作弊的思索
從沉默到願意開口 138
處分學生的角力 141
人可以被擊倒，但不可以被擊垮 144
【個案分析】 146
【諮商話外音】 147

六、我恨我的冷漠
我本來可以救她？ 154
無法克制的內疚 156
以往的心理創傷 158
說出藏在心裡的悔恨 160
【個案分析】 165
【諮商話外音】 167

七、我是同性戀嗎？
男人女人，我都愛？ 174

我適合為同性戀提供諮商嗎？ 176
參與哈佛大學同性戀協會的聚會 177
恨與愛交織的結果 180
世界上最大的畏懼正是畏懼本身 184
【個案分析】 185
【諮商話外音】 188

八、我愛上了我的心理諮商師
移情反應 194
諮商者與案主間的距離 197
諮商者是超人還是助手？ 202
【個案分析】 203
【諮商話外音】 205

九、我們該離婚嗎？
常人對心理諮商的誤解 215
勸和，還是勸散？ 219
自我中心傾向、依賴他人傾向 223

面對現實的勇氣 227
【個案分析】 237
【諮商話外音】 241

十、走出心靈創傷的深淵 248
文革大劫的創傷 251
憂心而無助的父親 253
自我防禦機制 259
帶著他走進人群 263
【個案分析】 267
【諮商話外音】

督導篇／督導助我舞蹈於心靈之巔

我的督導故事之一：諮商督導是平等對話 274
我的督導故事之二：不要製造同感泡沫 282
我的督導故事之三：洞察力就是「開心眼」 290

我的督導故事之四：做高品質的回音板 297
我的督導故事之五：我與哈佛心理諮商室 306
我的督導故事之六：幽默是治癒抑鬱症的良藥 312
我的督導故事之七：理解我是誰 320
我的督導故事之八：一日三省 329
我的督導故事之九：相互督導威力大 336
我的督導故事之十：從事心理諮商的苦與樂 342

緣起篇

我與心理諮商——踏進心靈溝通學問的殿堂

一、登天的感覺

心理諮商應給人什麼樣的感覺？恥辱的感覺？羞愧的感覺？還是見不得人的感覺？這是長久以來人們對心理諮商的誤解。希望本文能給您一些新的思考和啟迪。

一九八五年十二月二十五日，我乘坐中國民航飛往美國求學。那一天正是聖誕節，所以乘客非常少，偌大的波音七四七飛機，三百多個座位，只稀稀落落坐了不到五十人。我在飛機上隨意調換了位置，與人搭訕聊天。我就要去波士頓讀書啦，心裡好興奮！

在座位上感覺無聊了，我起身又伸懶腰又踢腿，來回走動，沒走兩步，望著周圍有限的走道空間，又返回座位。在走道上，我遇見一位教授模樣的長者，似乎也在活動筋骨，我們聊了起來。他果真是位教授，在加州一所大學任教心理諮商的課程。

「什麼是心理諮商？」我不解地問。

「你從來沒有聽說過心理諮商？」他皺著眉頭看著我。

「我為什麼要聽說過心理諮商？」我半開玩笑地反問他。

「嗯……那你現在的感覺怎麼樣？」他噓了口氣，瞇著眼睛問我。

「你指的是什麼感覺？」我也皺著眉頭問他。

「我是指你此時此刻乘坐飛機的感覺。」

「我感到非常高興，因為我就要去波士頓讀書啦。」我興奮地答道。

「是呀，你感到很高興，因為你就要去美國讀書了。但此時此刻乘坐飛機的感覺又如何呢？」老教授很瀟灑地揮了一下手。

「我……我感到騰雲駕霧。」

「對啦，你是不是感到自己站在世界之頂了？」老教授會心地一笑。

「我們現在不就在世界之頂嗎？」我狡黠地回答說。

老教授用食指點一點我，晃著腦袋接著說：「你說對啦，這就是心理諮商要給人的感覺。心理諮商就是要使人對自我感覺良好，猶如登天。[1]」

「心理諮商就是使人對自我感覺良好，猶如登天。」我重複著他說的話，心裡詫異世界上居然還有這樣一門有意思的學問。

此時，老教授忽然對我說：「對不起，我想回去睡一會兒。」說完徑直走回座位。

望著他離去的背影，我心想，這美國人真怪，聊得正起勁就走了，一點兒面子都不給……

這是我第一次聽說「心理諮商」這個字眼。儘管我當時還不能完全想像出心理諮商究竟怎麼使人產生登天的感覺，但我對那位老教授所講的話非常感興趣。他這樣渲染一門學問的特殊和重要性，是我從未見過的，恐怕也只有美國人才想得出來。

帶著這樣一份疑惑，我也回座位休息去了。望著窗外的滾滾雲海，我實實在在地享受著「登天的感覺」，漸漸進入了夢鄉。

* * *

一九九三年六月十日，風和日麗，晴空萬里。我頭戴博士帽，身著博士袍，參加哈佛大學第三百四十二屆畢業典禮。我獲得的學位是心理學博士，主修的專業正是諮商心理學。

在人生無比興奮的一刻，我想起了七年前在飛機上巧遇那位老教授的經歷，感謝他為我開了一扇門，使我懷著一顆童真般好奇的心，一步一步走進去，真正領略到「登天的感覺」。

初來美國時，我曾主修過教育心理學，但對於怎麼使人產生「登天的感覺」的好奇，促使我改變專業方向，踏入了諮商心理學的奇妙世界。我結識了羅傑斯、斯金納、艾利斯[2]、格拉塞、佩爾斯[3]、伯恩[4]等一批國際心理諮商學界的風雲人物，也更加認識了佛洛伊德[5]這位廣義上的心理諮商鼻祖。

我不僅對自己近三十年來的心路歷程進行了深入反思，梳理了生命中的里程碑事件，對自己的優勢和不足有了更深刻、更全面的理解；我還學會了如何準確地體會他人的感覺、如何傳達尊重和理解的資訊、如何幫助人更好地認識自我、完善自我。

六年的專業學習和兩年的親身實踐[6]，我漸漸明白「登天的感覺」所包含的豐富意蘊。我不只一再體驗到登天的感覺，也曾使我的案主感覺如同登天，無論是愛情的甜蜜、家庭的幸福，還是事業的成功……我為自己選擇了這樣一個富有生命力的專業而感到慶幸。其實在當今社會裡，人人不都在尋求生活中的登天感覺嗎？

可惜那次相遇，我沒有將那位老教授的通訊方式留下來，不然現在給他寫封信，告訴他我目前的專業選擇，不知他會有多高興呢？高興之餘，他也許會為那天沒有與我多聊登天感覺的要領而感到遺憾吧。

這些年來，我一直是這樣想的。

*　*　*

「不，你錯了，登天應該是你自己的感覺，要你自己去體驗。我不可能替你去登天，那樣我將會成為你的拐杖。」老教授這樣回答我，

「所以，你對我提出一個重要的問題，讓我自己去思考、去探索、去尋找答案。」我總結說。

「你終於入道了。其實那天與你聊天，我就感到你會對心理諮商感興趣。我不想再講下去，就是為了多給你一些思考的空間。我在入睡之前還偷偷望了你一眼。我看得出你在困惑、在思索。我不多與你說話，正是想給你一個考驗，看看你對心理諮商有沒有悟性，看來你

羅傑斯

（Carl Ransom Rogers，一九〇二～一九八七），美國心理學家，人本主義心理學的主要代表人物之一。從事心理諮商和治療的實踐與研究，並因首創「以當事人為中心」的心理治療方法而馳名。一九四七年當選為美國心理學會主席，一九五六年獲美國心理學會頒發的傑出科學貢獻獎。

還真有悟性，至少你沒有再來打擾我。這是心理諮商的另一番意境。但當時對你講這些，你是聽不明白的，現在明白了吧。」

「所以，你給我留下充分的想像空間，讓我自己去思考、去領悟登天的感覺。」我猶如張良幸遇黃石老人那般興奮！

＊　＊　＊

上述的對話只是我的想像而已。

但是，那老教授為什麼會在我們談話興致正濃的時候離去，或許正是他話中的懸念，使我對心理諮商的意境窮追不捨。

一個人能在簡單的幾句話中，如此深遠地影響另一個人的生活道路，你能說這不是心理諮商的魅力嗎？

登天的感覺，究竟是一種什麼樣的感覺呢？

登天的感覺，對於不同的人意味著什麼不同的意思？

登天的感覺，當中含有多少種感覺？

登天的感覺，是心理諮商永久的思索。

心理諮商追求的意境是什麼？

心理諮商可以使人產生登天的感覺，第一次聽說吧？其實，阿靜說心理諮商就是使人開心，說對了一半。因為心理諮商確實力圖使人感到開心。但是，使人開心的事情一般人都會做。例如，當一個人失戀或離婚時，可以找親朋好友傾訴一番或痛哭一場，即時就可以得到許多寬心的話，也可以得到不少精神安慰。於是，他變得開心些了，但開心之後呢？這便是心理諮商所要解答的問題。

換句話說，心理諮商不同於一般的安慰，因為它不僅要使人開心，更要使人成長。這裡的「成長」[7]就是透過諮商的過程，使案主自己悟通，認清問題的本質，知道該怎麼做，達到常言的心理平衡、社會適應。

所以，使人開心只是心理諮商的前奏曲，而使人成長才是心理諮商的主旋律。心理諮商力圖使個人將不愉快的經歷當作自我成長的良機，竭力使人們積極地看

斯金納

（Burrhus F. Skinner，一九〇四～一九九〇），美國心理學家，新行為主義學習理論的創始人，也是新行為主義的主要代表。一九〇四年三月二十日出生於美國賓夕法尼亞州薩斯奎漢娜，一九九〇年八月十八日逝世於麻塞諸塞州坎布里奇。斯金納引入了操作條件性刺激。著有《沃爾登第二》（*Walden Two*，意譯為《桃源二村》）、《超越自由與尊嚴》（*Beyond Freedom and Dignity*）、《語言行為》（*Verbal Behavior*）等。

待個人所經受的挫折與磨難，從危機中看到生機，從困難中看到希望。

從這層意義上講，心理諮商也助人學會辯證地看待生活當中的憂愁煩惱。但這一切不是靠指教、勸導得來的，而是靠啟發領悟，並積極實踐獲得的。用馬斯洛[8]的話來講，心理諮商就是要使人獲得「頂峰體驗」（peak experience）。這不就是指「登天的感覺」嗎？

心理諮商追求的目標是什麼？

一般人在相互安慰時，總是會勸說對方儘早忘卻不快的經歷。「過去的事情就讓它過去，明天會更美好的」，這大概是人們相互勸慰時的共同準則。但心理諮商人員不會這樣簡單地勸說案主忘記過去，而是要使人在挫折中認真反省，總結經驗教訓，增強生活智慧，才能應對日後可能出現的各種不愉快經歷。在這層意義上，心理諮商就是要使人更好地認識自我、開發自我、激勵自我，使人比原來活得更輕鬆、更快活、更自信，獲得更多幸福感和成就體驗。

此外，心理諮商還要使人避免依賴他人，而增強個人的獨立性與自主性。心理諮商再三強調要儘量理解案主的內心感受，尊重他的想法，激發獨立決策的能力，強化自信心，能自助助人。無論性質、方式及時間長短，心理諮商都要幫助案主從自卑和迷茫的泥潭中自己掙脫出來。

心理諮商的高明何在？

「心理諮商就是要使人自我感覺良好，猶如登天一樣。」這句話深深地影響了我的人生，也敦促著我追逐這樣的感覺。起初，我感到它像海市蜃樓那樣虛幻莫測，但我漸漸地體會到那強大的震撼力。

我看著案主在我面前由痛哭流涕變得開懷暢笑，由愁眉不展變得心情舒暢。我伴著他們從自卑和自憐的地獄走出來，邁向自尊與自信的天堂。我為他們歡呼、雀躍。他們在重建自信心，我也隨著他們一同登天。

興奮之餘，我時常思索，登天應該是每個人自己的感覺，所以沒有人能替另一個人去感覺登天。

我為人做心理諮商不是要去支配案主，而是要去扶持案主。心理諮商之高明所在就在於幫助了一個人，卻讓那個人感到好像是自己幫助了自己。

格拉塞

（William Glasser，一九二五～二〇一三），美國著名認知心理學家、心理諮商專家，「現實療法」創始人，美國匹茲堡大學學習研究與開發中心名譽主任。他的主要研究興趣是教育情境中的問題解決、專長的實質、學科內容學習的評估，以及認知科學與教育測量的關係等。美國心理學協會於一九八七年授予他傑出科學獎，一九九七年授予終身成就獎，一九九八年授予佛蘭克林·泰勒獎。美國教育研究協會於二〇〇三年授予他主席特別獎。

心理諮商何以給人「登天的感覺」？

心理諮商之所以會給人「登天的感覺」，原因在於：

- 心理諮商不求教訓他人，而求啟發他人。
- 心理諮商不是要替人決策，而是要幫人自行決策。
- 心理諮商的首要任務是心靈溝通，而非心理分析。
- 心理諮商是現代人高尚的精神享受，而非見不得人的事情。
- 心理諮商確信人皆可自我完善，而非人不能自我逾越。
- 心理諮商應增強人的自立能力，而非增強對他人的依賴。
- 心理諮商不僅可以幫助他人成長，也可以幫助自己成長。
- 心理諮商使人更加相信自我，而非更加迷信別人。
- 心理諮商使人學會多聽少言，而非少聽多言。

心理諮商就是這樣給人「登天的感覺」，而何以達到這一切效果？請往下看。

心理諮商小知識

現代心理諮商的興起

心理治療創立於十九世紀，但心理諮商卻是二十世紀四、五〇年代才開始的事。它主要受到三股力量的推動：一是人們對「精神分析療法」日益不滿（如療期過長，諮商關係完全像醫患關係等）；二是二十世紀二、三〇年代崛起的職業諮商運動；三是人本主義思潮。

由於心理諮商運動的不斷深入和發展，心理諮商與心理治療也日趨分化。概括說來，心理諮商主要為人們在日常生活中出現的心理困惑與煩惱提供諮商，而心理治療則主要為人們在人格、情緒和行為上的障礙及變態行為提供治療。兩者之間沒有截然分明的界限，卻有著不同的專業評核和訓練要求。

簡單來說，心理治療人員不但要有心理諮商的知識，也要具備系統的醫學知識並經過專業訓練；而心理諮商人員則不必專門獲得醫學方面的知識和訓練。

❖ 註釋

1 教授的英文原文是：Counseling is to make you feel so good about yourself that you feel you were climbing up onto the sky.

2 艾利斯（Albert Ellis，一九一三～二〇〇七），美國著名心理諮商專家，「理性情緒療法」創始人。

3 佩爾斯（Frederick S. Perls，一八九三～一九七〇），美國著名心理諮商專家，「格式塔療法」創始人。

4 伯恩（Eric Berne，一九一〇～一九七〇），美國著名心理諮商專家，「交叉分析療法」創始人。

5 佛洛伊德（Sigmund Freud，一八五六～一九三九），奧地利心理學大師，「精神分析學說」創始人。

6 我在哈佛大學共待了六年，其中兩年在哈佛大學心理諮商中心實習，這在後文另有專述。

7 在本書中，「成長」並非指生理上的生長，而是指心理學意義上的人格成長，包括心理成熟、增強自主性和自我完善。

8 馬斯洛（Abraham H. Maslow，一九〇八～一九七〇），美國著名心理學家，人本主義心理學的宣導者。

二、

哈佛大學心理諮商聖地：林登街五號

心理諮商的場所應該給人什麼樣的感覺？這是一個不容忽視的問題。本章介紹了我的諮商室布置及其寓意，希望能對你有所啟發、引導。因為在心理諮商當中，不僅包含著有聲的交流，還有無聲的交流。

劍橋市（Cambridge）的哈佛廣場附近，有一條很短的街道——林登街（Linden Street）。這條街的五號是一座古色古香的三層小樓，原來是學生宿舍。但自二十世紀七〇年代起，這裡便成了哈佛大學心理諮商中心[1]的所在地。我曾在這裡進行了兩年的心理諮商實習。

林登街五號的小樓，一進門就是一間客廳，擺著幾張十九世紀樣式的沙發和茶几。茶几上總是放著幾本《時代週刊》（*Times*）、《新聞週刊》（*Newsweek*）等雜誌及哈佛大學的校報*Crimson*。有時，還會放上幾盒餅乾供來賓食用。在客廳的一角有一臺電視機。電視機旁放著這棟房子唯一引以為傲的物品——一把十九世紀的哈佛大學座椅。

學生們想諮商都要先到這裡登記，以便接待人員安排會面人員和時間。接待人員通常會問他們對諮商人員有無特殊要求，例如，是否要選一位女性諮商人員，或是選一位少數民族或外籍諮商人員，或是選一位擅長某種特殊問題（如厭食症、同性戀等問題）的諮商人員。接待人員對待學生總是和顏悅色，要讓學生一進門就有賓至如歸的感覺。

在林登街五號，我們一概只做心理諮商，不做心理治療[2]。也就是說，學生凡有人格障礙（如自戀症）、情緒障礙（如抑鬱症）或強迫意念（如恐人症）之類的問題，我們會將他們引薦到哈佛大學校醫院或其他有關的心理治療診所去接受治療。凡是明顯涉及帶有病理基礎的心理障礙的治療，都不屬我們的管轄範圍。這裡只負責一般的心理與情緒問題諮商，通常包括情感挫折、環境不適、人際關係不和、學習方法不當、自信心不足、婚姻衝突、厭食症、貪食症、同性戀等問題。

除了為哈佛大學學生提供個別與團體諮商外，我們每學期還為學生舉辦各種心理諮商講座、會議等。此外，我們還要為哈佛大學十來個學生自組的學生諮商熱線[3]（其中包括本科生和研究生的熱線）提供專業指導。通常每隔兩、三個星期，這些熱線的諮商員就會和我們的指導人員會面，討論諮商中出現的各種情況或問題，接受我們的專業指導。

在林登街五號，我有一間屬於自已的諮商室。我把它布置得很溫馨，也很具藝術特色。我要讓人們一進到我的屋子就情緒放鬆、精神舒暢。這對於充分發揮心理諮商的暗示作用[4]十分重要。

走入我的諮商室，首先映入眼簾的是一幅大海的油畫。畫面中一邊是大海的波濤，洶湧澎湃，捲起無數浪花；另一邊是平靜的海岸，波光瀲灩，水潮緩進緩退。在這動與靜的對比當中，頓時能感受到大海對於生活的啟示。這幅畫不知何時就掛在這裡，雖然這間屋子曾幾度易主，但大家都不約而同地將這幅畫留了下來。我很欽佩最初屋主的用心，他掛這幅畫於屋中，就心理諮商對個人成長的象徵意義來講，實在再貼切不過。

在油畫的下方是一張大沙發，上面套了一個乳白色的沙發罩，給人祥和寧靜的感覺。大沙發斜對角是一張小沙發，也套著一個乳白色的沙發罩。兩張沙發之間是一張小茶几，上面放著一盞檯燈和一盒面紙。

大沙發的另一角是一個高度一公尺多的書架，上面放了我的一些書籍。我把它們擺放得很整齊，也很有美感。書架的頂層擺了一盆吊蘭，垂下來的綠絲覆蓋了書架的一角，顯得既有生機又有藝術感。

大沙發的對面是我的辦公桌，桌上整齊地擺著檯曆、文具和一座佛洛伊德的石雕像。伏案寫作疲勞時，我時常注視佛洛伊德的雕像，他一臉沉思的樣子，總讓我感到一股強勁的力量，激勵我不斷地去探索心靈的無窮奧祕。

在兩扇窗戶之間的白牆上，我掛了一幅自己帶來的國畫。畫中兩隻小鳥棲息在枝頭，悠閒地聊著什麼，也許其中一方正在為另一方做心理諮商吧。諮商室的地上鋪著地毯，也是淺色的，使人感覺很溫暖。諮商室每天都有專人來打掃，以保持整潔乾淨。

這就是我的諮商室：清淨、和諧、溫馨，陽光充足，有些藝術的情調卻不過分誇張。這種寧靜、祥和氣氛的營造，對於心理諮商有著重要的象徵意義和暗示作用。我要讓每一個進到屋裡的人都能感覺到輕鬆與舒暢。特別是大海的寓意、吊蘭的生機，還有小鳥的竊竊私語，曾屢屢成為我與案主的談論話題。

在這間屋子裡，我總共接待了兩百多位來訪的學生。每接待一個學生，我都會感到一股莫名的期盼與興奮；每送走一位學生，我也會感到自己的一部分隨他而去。同時，我還感到他的一部分亦永遠留在我心中。在不斷的迎送中，我感到自己的諮商技巧漸漸成熟，洞察力漸漸提高，人格也漸漸完善。

在林登街五號的六百多個日日夜夜裡，我認真記錄了每一次諮商後的心得體會。我深切地體會到，心理諮商本質上也是人類情感及心靈溝通的藝術。其中溝通與理解的技巧，其重要性高於心理諮商中其他技巧，而溝通與理解也正是使人感覺良好的源泉。

在林登街五號，我與我的心理諮商督導，定期會面，討論個案進展情況，並接受他的指導。在這過程中，我也曾困惑過、頓悟過，有時還會與他發生激烈的爭辯。但我必須承認，沒有他的指導，我難以在較短的時間裡取得心理諮商的理解和操作上的巨大收穫。他時常像一位生活的智者，在兩三句輕鬆話語中道出心理諮商乃至人性的深刻道理。每當遇到諮商的難題時，我都會問自己：如果督導在這裡，他會怎麼處理？這個疑問推動著我不斷去思索、領悟，向他看齊。

林登街五號是哈佛廣場附近一座很不起眼的舊房子。在眾多的現代化建築群中，顯得矮小平庸、古老而不合時宜。然而，在我的心目中是那樣獨特、那樣溫馨。在這棟房子裡，我領教了什麼是心理諮商、什麼是心靈溝通、什麼是人性、什麼是愛。

林登街五號是我永久的智慧聖地。

心理諮商場所應給人什麼樣的第一感覺？

一九九四年七月十六日，我終於來到了心理諮商和治療行業的發源地——維也納。我特地去朝拜了位於上坡街（Berggasse St.）十九號的佛洛伊德故居，感受了他獨有的魅力。置身於他的故居，我沉思良久，耳邊一再響起他說過的一句名言：「在這間屋子內，任何一樣東西都具有象徵意義。」

的確，心理諮商場合下的交流是多方面、多層次的。除了直接的言語和體語交流[6]之外，房間的布置、家具的顏色、畫像的擺掛、陽光的投射等，都傳達著無聲的資訊。

心理諮商是心靈探索的歷程，旨在使案主無保留地公開自己的隱情，宣洩自己的情緒，反省自己的思想。所以，心理諮商場所的安排與布置，首先要給人安全、祥和、舒適及充滿生機的感覺。

雖然每個人的審美觀不盡相同，其房屋布置也風格不一，但如何才能使心理諮商室本身也傳達出希望、祥和、生機勃勃及不屈不撓的感覺，是每個心理諮商人員應該認真思考的問題。千萬不要小看諮商室的布置對案主的巨大暗示作用，現在再來想佛洛伊德說過的這句話，該明白他的用意：心理諮商乃是全方位的資訊交流。

心理諮商場所為人創造一片心靈淨土

當人飽受心靈創傷和精神折磨之後，他最需要的就是找到一片心靈淨土。

心理諮商就是要為人提供這樣一片心靈淨土。其房間布置應該充分傳達出這樣的資訊，讓來者一進到屋內就感覺放鬆、解脫，就想滔滔不絕地訴說自己的不平與煩惱，就想再回到這間屋子裡來。這是心理諮商場所給人的暗示作用。

前文說過，走進我的諮商室，首先映入眼簾的是一幅大海的油畫，其下面的大、小沙發斜角而置，使人在談話中既可以直視對方，也可以側視他方。這對心理諮商中的體語交流至為重要。在兩個沙發中，我一般都請案主坐在小沙發上，因為它正對著那幅小鳥對語的國畫。我要讓案主在無意的注視中，一再領受到那畫中體現出的祥和氣氛。

在我的諮商室茶几上永遠放著面紙盒，使案主在宣洩個人精神痛苦時，方便擦去流下的眼淚，也可使案主感受到諮商者無聲的關切。沙發套與地毯顏色都是淺色的，渾然一體，也會使人放鬆情緒。凡此種種都力圖使案主對我的諮商室產生特殊的印象和好感。

這是我為案主創造的一片心靈淨土。

心理諮商小知識

現代心理治療是怎麼興起的？

心理治療做為一種醫療手段是自古就有的，但人們普遍將「催眠療法」的創立作為現代心理治療的開始。

十八世紀末，維也納醫生梅斯梅爾（Franz A. Mesmer，一七三四～一八一五）提出了「人體磁場學說」，並將催眠暗示做為其「磁療」方法的核心手段。十九世紀中葉，法國醫生夏可（Jean M. Charcot，一八二五～一八九三）摒棄了梅斯梅爾的人體磁場學說，但保留其催眠技術部分，並以此治癒了一些歇斯底里患者。再後來，佛洛伊德師從夏可，並在此基礎上逐步創立了他的「精神分析學說」。

從此，心理治療成為一門獨立的治療手段，日益受到人們的肯定和應用。

❖ 註釋

1 哈佛大學心理諮商中心成立於二十世紀四〇年代末期，是全美大學中最早成立的心理諮商中心之一。

2 我一向認為心理諮商（counseling）不同於心理治療（psychotherapy），本質區別在於前者基本上是平等的諮商關係，而後者則基本上是醫患關係。這點在後文另有敘述。

3 哈佛大學的學生諮商熱線針對一般的心理問題提供服務，例如情感衝突、學習困難、家庭矛盾、同學不和、考試焦慮等問題；也包括對特殊心理問題的諮商，例如厭食症、貪食症、同性戀、性騷擾、自殺防預、愛滋病的認識等問題。學生的相互諮商在很大程度上補充了專業諮商人員的不足，也使學生之間更容易產生同感共鳴。對於學生自組的諮商活動，我們向來大力支持。學生諮商中遇到解決不了的問題，也會引薦到我們這裡來接受專業諮商。我在進入哈佛大學心理諮商中心接受專業訓練之前，就曾參加了研究生自組的電話熱線，服務一年之久。

4 心理諮商的暗示作用（suggestion），泛指心理諮商為案主帶來的不同的良好感覺和激勵作用。

5 心理諮商督導（supervisor），指為心理諮商實習者提供專業指導的人員。在美國，督導一般都必須有臨床心理學或諮商心理學的博士學位，並考取美國心理學會頒發的專業執照。在哈佛大學心理諮商中心實習的兩年裡，我每個星期與督導會面三次，每次一小時。

6 體語交流（body language communication），指諮商者和案主在臉部表情、眼神、手勢、坐姿及各種動作方面所傳達的資訊交流。

個案篇

我與案主，
共同行走於心靈之巔

一、我是全哈佛最自卑的人

一個人的價值不在其出身，而在其所為。

——斯金納

人是活在相互比較的感覺中的，這種比較既可以帶來自信，也可能帶來自卑。當它帶來自卑時，負性的自我肖像會慢慢形成，久而久之，自我形象開始歪曲，認知、情緒與行為開始失調。所以，我們要學習在與自己、與他人比較中尋找生命中的成功體驗，那些里程碑的事件才會帶來持久的激勵。

「我感到自己是全哈佛大學最自卑的人。」這是麗莎見到我說的第一句話，我細細地咀嚼著這句話的意思，等待她進一步解釋。

「真的，我不知道如何才能講得清我此刻的心情。我的家鄉在阿肯色州，我是小鎮裡唯一來哈佛上學的人。當地的人都為我能來到這裡而感到自豪，起初，我也十分慶幸自己能有這樣的好際遇。但現在，我對自己的感覺愈來愈不好了，真後悔到這裡上學，我在別人最羨慕我的時候感到最自卑，我……」說著，麗莎忍不住流下眼淚，用手捂住臉，鼻子一抽一抽的。

我連忙給麗莎遞上面紙盒，輕聲說道：「別著急，麗莎，慢慢講。」

麗莎仍啜泣不止，雙眉緊鎖，一連抽了好幾張面紙。趁這時間，我仔細端詳了麗莎。她身材瘦小，穿著很寬鬆的T恤，顯得有些發育不良。臉瘦長瘦長的，布滿粉刺，皮膚頗為粗糙，頭髮捲捲的，十分蓬亂，有點像中東人。她的神態顯得很疲倦，眼圈略微發黑，可見連日來睡眠不足。憑直覺，我感到麗莎是那種對自我十分敏感的人。

沉靜了一會兒，麗莎不再哭泣，接著告訴我，她在哈佛大學念得很辛苦，上課聽不懂，說話又帶著口音，許多大家都知道的事情，她不知道；許多她知道的事情，大家都覺得好笑。她不明白自己為什麼要到這裡來接受這一切羞辱，非常懷念在家鄉的日子，那裡沒有人瞧不起她。

「我現在一想家就想哭，」麗莎噘著嘴說，「我不知道我是怎麼啦，我從來沒有這麼自卑過，我真的想馬上回到阿肯色州去，但是那裡的人都羨慕我能到哈佛。我寫信對幾個好朋友傾訴內心的苦悶，她們卻回信說，在家鄉的日子更無聊……」

麗莎感到無比孤獨與衝突，不明白為什麼昨日的風采竟這麼快消失，不明白為什麼與哈佛大學格格不入，不明白活著到底為了什麼，陷入了留與走的衝突情緒之中……

新生適應不良綜合症

麗莎的表現是典型的「新生適應不良綜合症[1]」。具體地說，她已跨入了個人成長的「新世紀」，卻對過去的「舊世紀」戀戀不捨。她對於生活的種種挑戰，不是想方設法去適應，而是縮在一角，驚恐地望著它們，悲歎自己的無能與不幸。

她對於能來哈佛上學的輝煌成就已感到麻木，眼睛只盯著當前的困難與挫折，沒有信心再造一次人生的輝煌。

她習慣做羊群裡的駱駝，不甘心做駱駝群裡的小羊。

她以高中生的心境和學習方法去應付大學生的學習要求，自然格格不入，卻抱殘守缺，不知如何改變。

她因為來自小地方，就認定周圍的人都鄙視她、嫌棄她，沒有意識到，正是自卑才使周圍的人無法接近她、幫助她。

她生長在中南部地區，來東海岸的大城市波士頓[2]求學，面臨的是鄉鎮文化與都市文化的衝突[3]。沒有想到哈佛大學對她來說，不僅是知識探索的殿堂，也是文化融合的熔爐。

她身材瘦小，長相平常，多年來唯一的精神補償就是學習出色。然而當面臨來自世界各地的「武林高手」們，她原先的優勢少得可憐。現在學習上又失去了優越感，多年來的心理平衡被徹底打破了，因而陷入空前的困惑。

她悲歎來哈佛大學求學是個錯誤，卻忘了多年來正是哈佛夢支撐著她的精神。她雖然戰勝了許多競爭者而進入哈佛，卻在困難面前輸給自己的妄自菲薄。

麗莎怨的全是別人，歎的都是自己，難怪覺得自卑，只有擺脫往日光輝的「陰影」，全心投入「新世紀」的生活與奮鬥中，才能重新振作。總而言之，她的問題核心就在於：往日的心理平衡已被徹底打破，需要在哈佛大學建立新的心理平衡。

我希望麗莎能自己領悟這一切，因為只有那樣，她才有足夠的決心和勇氣去改變當前的困境。更重要的是，我堅信麗莎有能力重新振作起來，她曾經奮鬥過、成功過、輝煌過、自信過，這都是她重新振作的最大資本和精神支柱。成功經歷的體驗，對於扭轉目前的被動局面極有幫助。麗莎只是被一時的困難挫傷了銳氣，擊昏了頭腦，等她清醒過來，會重新激發出無限的能量，戰勝當前的困難。

身為諮商者，我的任務不是說教，而是啟發她。我不為她辦什麼人生講座，而是希望協助她自己辦人生講座。換言之，我不企圖賜給麗莎克服困難的魔杖，而要幫助她重拾克服困難的能力，使她從黑暗中看到光明。這便是我為麗莎做心理諮商的主導方針，針對她的心態，我採取三個諮商步驟。

行動步驟一：宣洩不良情緒

第一個步驟是促使麗莎宣洩[4]不良情緒，調整她的心態，使她能夠積極地面對新生活的挑戰。

麗莎已經陷入了自卑的沼澤，認定自己是全哈佛最自卑的人，這代表她過於誇大自己精神痛苦的程度，看不到新環境中的生存價值。因此我首先要做的事情就是促使她宣洩出內心的精神痛苦，並對此儘量表現出同感[5]與理解。具體地說，我一再承認麗莎當前面臨的困難是她人生中前所未有的，所以現在的情緒反應很自然。

「麗莎，妳現在真是活得很辛苦，我非常理解妳此刻的苦悶心情，如果我面臨妳現在的處境，我也會很不好受[6]。」這是我常用的一句話，也是由衷之言。聽了這句話，她緊鎖的眉頭漸漸地舒展。

同時，我肯定麗莎來尋求心理諮商幫助的舉動。「當一個人面臨如此巨大的精神壓力時，他需要得到專業人員的說明，以更快、更有效地擺脫精神壓抑，重新振作起來……」

我如是說，麗莎不停地點頭。

我告訴麗莎：「在哈佛大學適應不良，產生種種焦慮與自卑反應，這在新生中是十分普遍的，絕不只妳一人。」我講了幾個個案實例給她聽[7]，她聽得很入神，並一再表現出如釋重負的樣子。

產生這種「原來許多人和我一樣」的平常感，對於不良情緒的宣洩十分重要，使麗莎意識到哈佛大學還有許多人像她一樣感到自卑、壓抑。所以她無須過於看重個人的精神痛苦，甚至被它淹沒。其實，大家都知道，人做為群居動物，無論痛苦還是歡樂，都希望不單是自己獨有。這種不願被隔離的心態在數百萬年進化的集體潛意識[8]中，被深深烙下。

為了強化麗莎的「平常感」和「不被隔離感」，我向她講述自己初上大學時也有過由峰頂跌入谷底的孤獨經歷。當時我曾自卑、自歎過，但最終挺了過來。麗莎對這一段經歷十分感興趣，全神貫注地聽著，還問了許多問題。漸漸地，她的頭抬了起來，眉頭不再那麼緊鎖了，開始綻放出笑容……

在這裡，我運用了「自我披露」[9]的諮商技巧，為的是縮短我與麗莎之間的心理距離，增進她對我的信任及對諮商的信心。此外，我這麼做也是為了不在她面前擺出一副救世主的樣子，以居高臨下的姿態去教誨她如何克服當前的困難。相反的，我竭力讓麗莎發現大家都是平等的、相同的，使她確信自己也有能力克服困難。我在她面前表現出這樣的親切感、平易感，為的是使她在不知不覺中重建自信心。

人愈是在比自己成熟或地位高的人面前獲得尊重，就愈容易消除個人的自卑感，這既是人際交往中的常規，也是許多心理諮商人員沒有充分意識到的神祕武器。

行動步驟二：轉移比較物件

在第二個步驟中，我竭力引導麗莎把比較的視野從別人身上轉向自己，這是重建自信心的關鍵。

麗莎的自卑是在與同學相比中形成的，她感到自己處處不如他人，像是天鵝群中的醜小鴨。來哈佛大學之前，麗莎的學習成績從來沒有低過B^{+}，而現在最好的成績不過是B^{-}，更可悲的是屢屢拿到D[10]段的成績。以前做作業，都是同學向她請教，而現在卻要經常向別人請教。由此，她已經不再有當初那份引以為傲的自信。無論怎麼努力，都不能得到好成績。時間投入的多寡，已不再是學習成績好壞的決定因素了。麗莎一直是教師心目中的得意門生、校園裡的風雲人物、眾人羨慕的對象，如今卻成了班上最不起眼的人物。

麗莎接到中學一位老師的來信時，大哭了一場。她給我看了那封信，其中寫到：「直到現在，老師們還在議論她上哈佛大學的事情，並不斷以她為榜樣來鼓勵其他學生……」但是現在竟沒有一個哈佛大學教授記得她的名字。

這一系列的心理反差，使麗莎產生了自己是哈佛大學多餘之人的悲歎。她沒有意識到自己之所以會有這樣的心理反差，是因為在以往與同學的比較中，她獲得的盡是自尊與自信；而現在與同學的比較，她獲得的盡是自卑與自憐。她不懂得在新的環境下要學會多與自己相比，而不僅是與周圍的人相比。這即是心結所在。

為了使麗莎改變比較的方式，我找了適當的時機與她討論心理反差的形成原因。一次，談到我剛上大學一年級的學習不適應時，她問我：「你是如何從當時的惡劣心境中掙脫出來的？」

「是我認識到應該學會多與自己比較的那一刻。」

「噢，你指的是什麼？」麗莎不解地問我。

「因為我意識到不可能一下子趕上周圍的人，我愈是與他人相比，就愈感到灰心喪氣。因為我進步的同時，別人也在進步，無論怎麼努力，總是與別人有一段距離。但就我自己而言，已經做出了很多努力，雖然與別人相比仍有一段距離，但與自己相比已經取得很大的進步。」

麗莎若有所思地望向我，眉頭又緊鎖起來。接著，我告訴她，在當初感到最苦悶、最自卑的時候，有位關心我的女同學曾鼓勵我：「曉東，你學習這樣刻苦，比起別人來雖然顯不出什麼，但比起自己已經很了不起了。」她的話使我深受感動，也使我意識到：當我只想著與別人比較時，永遠會自卑；而當我想著與自己比較時，才會感到自信。此時此刻，我需要學會與自己相比來維持幹勁。我的這番話立即引起了麗莎強烈的共鳴。

她開始滔滔不絕地訴說，說她是如何沉溺於和別人的比較，從來沒有想過與自己比較。正因如此，才會感到自己是哈佛最自卑的人。而拿現在和過去的自己相比，她已經相當堅強。所以，她應該使這種自卑與自信處於一種平衡狀態，走向任何一個極端都會使她喪失自我。說著說著，麗莎的聲音又開始哽咽，她說好像從別人的眼裡看到一個可憐巴巴、愁眉苦臉的小女孩。她每天在校園裡低著頭走路，不敢與人打招呼，說話有氣無力。她覺得那個女孩真可憐，而那人竟然是她自己！她又掩面抽泣起來，久久不能平息。

麗莎此時的哭好比飽受婚姻創傷的人最終獲得離婚證書那一刻的痛哭，是健康的哭、是必要的哭，因為她需要在這一刻將積壓在心頭許久的不快通通哭出來，讓淚水洗刷內心的種種委屈[11]。

哭得愈痛快，與往事的告別就愈徹底。

麗莎此時的哭使我由衷的高興，代表她終於找回了自我的感覺，開始告別往事。她需要從原有的自我行為方式掙脫出來，迎接新生活的挑戰。為了更激勵麗莎克服困難，接下來我與她討論了怎麼看待當前的學習壓力，努力啟發她明白生活的挫折未必是一件壞事，反而可使人認識自我的不足，將外界的壓力內化成激勵。在與他人和自我的比較當中，紮紮實實地進行有效的努力，不斷提高自己對環境的適應能力。

「我得學會向自我挑戰，向自卑挑戰。」麗莎最後如是說。

行動步驟三：採取具體行動

待麗莎的認識轉變後，我開始執行第三個步驟，即釐清她學習中的具體困難，並制訂相應的學習計畫加以克服和改進。討論中，我發現麗莎在寫作、聽課方法和時間安排上都有明顯的問題。

針對麗莎的寫作問題，我建議她到哈佛大學寫作輔導中心[12]接受指導，並就此與那裡的負責人通了電話。我要求她在寫任何寫作作業之前，都先到寫作輔導中心去找人商討自己的寫作大綱，以更符合大學生的作業要求。針對聽課問題，我為她聯絡了由我們心理諮商中心組織的學生課外輔導服務，由高年級的同學為她在特定課程上的學習困難，提供具體輔導和幫助[13]。同時，我們一起探討如何加強和任課教師、助教的聯絡，以促使她積極地尋求他們的幫助，及時解決疑問，改變學習的被動局面。針對時間控制的問題，我與她一同制訂了切實可行的活動時間表，並監督她加以執行。我們保持每週會面一次，及時交流她在學習和生活中的新情況，雖然她是個獨立性很強的人，但此時此刻，需要有人推她一把。

我也介紹她參加了哈佛本科生組織的學生電話熱線[14]活動。在那裡，麗莎不僅幫助了其他同學克服在哈佛的學習和生活困難，也結交到不少知心朋友。更重要的是，在幫助他人的過程中，她重新感到自信心增長，感到哈佛大學需要她！開始真正喜歡這裡，為自己是其中的一員而感到自豪。

麗莎的進步飛快，短短兩個月內，她好像完全變了個人，不再鬱鬱寡歡，時常掛著微笑。她不再為學習落後苦惱，而是想方設法改進學習方法，主動尋求必要的輔導，也不再感到孤獨，一天到晚想打電話向家人訴苦。她開始有了新的朋友，並保持十分密切的聯絡。麗莎已經步入了個人生活的「新世紀」，不再依戀於往日的輝煌，雖然還會與同學比較，但已不再像從前那樣消極地看待自己，愈來愈把這種差距當作自信的動力，而不是自卑的源泉。

在這兩個多月當中，我分享了麗莎的苦與樂、悲與歡，感到自己也隨著她成長。我為自己能夠幫助她從自卑的漩渦中爬出來感到無比欣慰。表面上，我沒有對麗莎做過任何單純的說教，也沒有給她過多的指點，但我所有的提問與分析都無時無刻不在啟發、推動她說出我內心想讓她說出的話。這即是心理諮商的藝術！

【個案分析】

▼1 心理諮商的「前奏曲」——不良情緒的宣洩

心理諮商的核心目標之一就是提高人的自信心。所謂提高自信心是使人透過改變對不利環境的認識，增強對自我的良好感覺。自卑好比是情緒中的流感，體質愈好愈不容易受到流感的侵襲。人的情緒自控能力愈強，就愈不容易染上這種情緒流感，陷入自卑的沼澤。由此，人對自卑的抵抗力也得益於對逆境的不斷適應。

在本個案的諮商過程中，我首先幫助麗莎宣洩她進入哈佛大學以來承受的精神痛苦，並透過運用聆聽[15]、貫注[16]、沉默[17]和自我披露等諮商技巧來傳達我對她的同感，使她對我的諮商產生極大的好感與信任。特別是我與她分享自己初上大學時的挫折經歷及感受，更縮短了我們的心理距離，這種心理距離的縮短為她的自我反省奠定了基礎。這些溝通努力即是我為她做心理諮商的「前奏曲」。

▼2 通了，理才能順——解讀「情緒優先」的腦機制

在我十多年來對腦神經科學和心理學的綜合研究中，深深地認識到情緒和理性思考之間的內在關係。當一個人被痛苦、憤怒、自責、內疚等負性情緒包圍，不能自拔，大腦黑匣子裡與情緒發生密切關聯的杏仁核[18]會被強烈、持久地負性啟動，而這種啟動會使主管理性思考的大腦皮層受到極大抑制。這是大腦「情緒優先」的原則。

在麗莎的個案中，我深切地感受到她被壓抑的無助、失望及痛苦的感覺。如果對這種情緒置之不理，理性的思考程度會趨於低迷。這時候，外界的建議只是一種強加，難以被她接受、內化並指導自己的行為。當疏通接納了她的負性情緒，使大腦中小小的杏仁核趨於相對平靜時，大腦理性反思的功能才能很好地發揮。當時我接下來做的幾個步驟也證明

了諮商的科學性。這是我們常說的何謂「通情達理」的科學。

▼3 心理諮商的「主旋律」——自卑與超越

麗莎面對新環境下的挑戰和文化衝突，不能及時調整自我、改變學習方法，使她對哈佛大學倍感不適。更可悲的是，以前她與同學相比獲得的是自信，眼下獲得的盡是自卑。強烈的心理落差使她一時亂了方寸，不知如何化解危機。此時欲重振麗莎的自信心，首先要做的就是使她改變認識問題的方法，即不再把與同學相比做為衡量自信心的唯一標準，而是學會多與自己比較來獲取自信心。

為麗莎諮商的過程中，我基本採取了「現實療法」（Reality Therapy）[19]，該療法認為人的心理失衡與障礙表現皆由不能在當前的困難和挫折面前承擔責任而造成。麗莎的心理失衡主要表現於不能接受在哈佛大學的失敗及個人失寵這些事實上，因此產生了種種自艾自憐、自卑自棄的心理反應。我也要幫助她消除逃避現實與不負責任的想法，尋找新的成功認同經歷，以建立一個新的心理平衡點，增強自主、自立的能力。

為了幫助麗莎尋求成功認同經歷的體驗，我與她就學習的具體困難商定了一系列解決措施，不光推動她改變原有的學習方法、適應大學的學習要求，也推動了她在具體克服困難中提高自己的應變能力。特別是我推薦她去參加哈佛本科生自組的電話熱線活動，她看到許多人像她一樣掙扎、苦悶。她與他們分享個人的生活經驗，可促進自我的轉變。由此，她增強了自己對哈佛的歸屬感，結交到新的朋友，開始了新的生活。這是促使她情緒轉變的另一重要步驟。

麗莎只有感到哈佛需要她，才會獲得「成功的認同」感，從而走出自我的孤獨和苦悶。她從自卑自憐中走出來的過程，就是她感覺登天的過程。

這些具體步驟是我為她做心理諮商的「主旋律」。

▼4 適應與挑戰——腦「黑匣子」裡的微妙平衡

腦科學研究證明，一方面大腦黑匣子裡具有熟悉、依賴、安全性的生存定向；另一方面又具有探索未知、接受挑戰、不斷適應與發展的定向。當人從一個環境到另一個環境，他所習慣的、讓他感到安全的東西會大量減少；而陌生的、需要積極探索以求得新的適應的東西則急劇增加。在這個變化過程中，每個個體都面臨著如何適應的問題。

個案的麗莎所熟知的地緣文化，以及給過強有力支持的家庭、老師和朋友都變得遙遠。她心理的安全感被大大降低，從而導致失落、無助，產生了放棄的念頭。如果她一直深陷下去，大腦的積極探索、不斷適應的功能就難以充分發揮。

當她走進諮商室時，我看到了她內心深處想更適應新環境的渴望。於是，我從自身的經歷去引發她對目前困境以「平常心」看待，幫助她理解困難存在的合理性與暫時性。與此同時，引導她去思考如何儘快從困境中走出來的途徑和方法。

二十多年來，腦科學長足的發展使我對心理諮商與腦神經科學的關係有了更深入而全面的理解。在諮商中，我們要高效提升案主的社會適應性，就需要理解大腦的兩大內在需求的不可或缺性，並找到其中的平衡點。

▼5 心理諮商如何產生了思想飛躍——橫看成嶺側成峰

上面的努力都是在幫助麗莎改變她的思想方法。

為麗莎諮商中，我大可以為她辦一次人生講座，講一番怎樣從困難中看到希望、從黑暗中看到光明的大道理。但我沒有那麼做，而是透過不斷地啟發和誘導，促使麗莎自己認識這些人生的道理。這樣做是要讓她感到自己完全有能力去認識、克服面臨的困難。

這一過程中，我寧肯多花些時間去啟發她說出我想讓她說出的話，也不願直接了當地告訴她我心裡想的是什麼，因為我堅信麗莎是一個有自主能力的人。當麗莎懂得與自我相比的意義時，就不再有自卑的壓力了。

更重要的是，麗莎學會了用與自我相比獲取的自信，平衡與他人相比中造成的自卑。如此看問題，麗莎的壞心情就得到了根本的轉變，而心情的轉變通常由認識問題的不同角度而獲得。

就是這種於人於己的轉換對比，使麗莎的思想產生了飛躍。

【諮商話外音】

▼1 心理諮商中的溝通需要注意什麼？

在以上個案的處理中，值得一提的還有兩點：

A.先讓人講話。

諮商者很容易出現這樣的誤差：一開始就急於勸說或教導案主。那麼做常會使案主感到惱火和失望，覺得你根本不理解他、尊重他。尚未給他傾訴的機會，也不瞭解他的煩惱和苦衷，這如何獲得他對你的信賴呢？而人在未宣洩自己的惡劣情緒之前，是難以與人深入溝通的，這實在是人之常情。

本諮商中，如果麗莎一來找我，我就與她就事論事，談論學習的具體困難及解決方法，她肯定聽不進去。因為，她還沒有宣洩自己的壞情緒。

麗莎來到哈佛之後受了許多委屈，一直沒有機會宣洩，這本身就是一個心理障礙。所以首先就要給她足夠的講話機會，然後再談學習計畫，才可以獲得水到渠成之效。

心理諮商要懂得運用聆聽的技巧。

B.先共鳴，後行動。

心理諮商的行動必須建立在溝通的基礎上，而溝通的目的就是要建立心靈共鳴。有了這樣的共鳴，案主才會心悅誠服地執行自己與諮商者商定的行動計畫。

為麗莎諮商中，我透過與她分享我個人初上大學不適應的經歷，以及向她講述其他哈佛學生的類似困難，使麗莎與我之間產生了強烈的同感共鳴，而她也不再把自己的境況看得那麼與眾不同了。

這一共鳴極大激發了她改變自我的決心和信心，為後來的行為轉變奠定了重要的基礎。我介紹她參加哈佛大學的學生諮商組織，使她有機會瞭解其面臨困難的普遍性，而為其他同學做諮商更強化了這種共鳴基礎。

我們可以將這一共鳴過程，視為諮商者與案主達到的一種心靈上的「和聲」。心理諮商過程中要不斷有這樣的「和聲」。

最後，對任何學習不適的心理諮商，都要伴有具體的措施來增強效果。空談問題不談情緒，會給人冷冰冰的感覺；空談情緒不談問題，又會使人感到茫然不知所措。兩者應當相輔相成，互為補充。這不僅是心理諮商的技巧，更是人之相互安慰的智慧。

▼2 自卑和自信之間有什麼關係？

我想強調，自卑與自信是人性格中的兩面，相互排斥卻又相互依賴，恰如一個硬幣的兩面。人徒有自信而無自卑，會變得忘乎所以，飄飄其然；人唯有自卑而無自信，會變得縮手縮腳，一事無成。

當一個人在與人比較中獲得自信時，要學會與自己比較來保持自謙；而當與人比較中感覺自卑時，也要學會與自己比較來創造自信。

心理諮商小知識

心理諮商與治療的週期應有多長？

一個人的心理諮商與治療的週期應有多長？這不僅因人而異，也隨不同的心理諮商和治療流派的要求而不同。佛洛伊德最初創立「精神分析學說」時，平均每個患者要持續見面一年以上，每週會面五次，每次會面一個小時。這樣長期的治療很少有人能在時間和財力上承受得起，所以，後人一直想方設法儘可能在短時間內取得最佳的療效。

目前在美國，五次以下的會面一般被稱為短期治療，十五次以上的會面一般被稱為長期治療。

❖ 註釋

1 新生適應不良綜合症（freshmen maladjustment complex），這是我用來形容像麗莎這類不能很好適應新環境的新生的統一術語。

2 波士頓是美國最著名的大學城，那裡聚集了哈佛大學、麻省理工學院、波士頓大學、塔夫茨大學在內的三十多所大學。

3 美國中南部地區的居民主要是早期歐洲移民的後裔，他們比東、西兩岸地區的居民保留了更多傳統文化，也更看重人情關係。現在孩子見了長輩，還時常以叔叔（uncle）、阿姨（aunty）相稱；陌生人見面，也常以兄弟（brother）、姐妹（sister）打招呼。

4 宣洩（catharsis），指將鬱積在案主心頭已久的精神痛苦和煩惱傾訴給諮商者的過程，可使案主感到極大的精神解脫。

5 同感（empathy）是感同身受的意思，指諮商者儘量設身處地理解案主的內心感受，說出他想說的話，以建立充分的思想共鳴。

6 這是一句典型的同感性語言，旨在促進諮商者與案主之間的思想共鳴。

7 我在這裡講的個案都做了一些調整，以保證當事人的隱私不受到侵犯。這是做心理諮商工作的重要準則。

8 詳細內容可參見我的「腦博士系列叢書」《欣賞你的大腦》的話題六「夢裡夢外的景象——腦的意識無意識」。

9 自我披露（self-disclosure），指諮商者與案主相互分享生活中相關經歷的過程，以增進兩人間的同感共鳴及相互信任。

10 在美國大學的成績等級中，D的成績表示剛好及格。

11 哭，對於宣洩和排遣案主的不良情緒是有效的手段。在心理諮商場合下，哭經常是案主自我領悟的重要突破點。

12 哈佛大學寫作輔導中心（Harvard Writing Center）是專門為幫助寫作有困難的學生而設立的輔導機構。它透過舉辦講座、專題報告會及直接的個人輔導來提高學生的寫作技巧，特別強調讓大學生和研究生瞭解寫作的要求和注意事項。

13 這些學生輔導員都是經過選拔而來的，均學習出色且熱心助人，平均每週為學習困難的學生做四、五個小時的學習輔導，並有一定報酬。

14 關於這一點，心理諮商人員要格外謹慎。一個有心理障礙的人為他人做諮商可能會產生一些負面影響，所以在推薦麗莎參加這一組織的活動時，我特別提醒她在為他人諮商時，不要講太多自己當前的經歷，那樣可能會使她變得主觀武斷，不能很好地理解別人，到頭來幫了倒忙。

15 聆聽（listening），指諮商者全心傾聽案主講話，儘量體會其內心感受的努力。

16 貫注（attending），指諮商者透過各種言語及體語，向案主傳達前者對後者講話的高度關注和重視。

17 沉默（silencing），指諮商者在與案主的對話中，儘量做到寡言默語，不打斷對方講話，以促使其獨立思考。

18 杏仁核位於前顳葉背內側部，海馬體和側腦室下角頂端稍前處，呈杏仁狀，是邊緣系統的一部分，是產生情緒、識別和調節情緒，以及控制學習和記憶的腦部組織。

19 現實療法由格拉塞創立於二十世紀四〇年代。其要點有：

A.人都有愛與被愛兩種基本需求，如果不能得到滿足，就會產生焦慮、怨恨、自暴自棄等消極情緒反應，並可能產生逃避現實、不負責任的欲望。因此，心理諮商的目標在於消除案主不負責任與自我毀滅的意向。

B.人都具有自主自立能力，也具成長動力。因此心理諮商的作用在於使案主在生活中區分「成功的認同」與「失敗的認同」，增加對前者的體驗，減少對後者的體驗，這樣才能充分滿足個人愛與被愛的需求，感受到個人價值。

C.現實療法重視現在超過過去，強調過去的事實無可改變，因而應將眼光放在現在與將來的發展之上。它主張諮商者在協助案主面對個人的痛苦、失敗經歷時，幫助他看到個人的潛能及以往的成功經歷，從而瞭解生活中還有許多美好的東西存在，可供選擇和享用。

D.現實療法十分注重承擔責任對於個人成長的重要性，並將其當作心理諮商的核心，強調人只有積極面對現實才能承擔責任，獲得「成功的認同」。在操作方法上，現實療法十分強調面對（confrontation），制訂具體計畫，不接納藉口，不用懲罰等技巧的運用。

二、我對姐姐懷有深深的內疚

一個人特異行為的背後，必定在潛意識裡藏著一個不為人知的謎。

——佛洛伊德

憑經驗辦事，可謂心理諮商之大忌。它使諮商者在沒有充分瞭解案主的實情下，就按直覺判斷，到頭來陷入主觀武斷，如同幫了倒忙。在以下的手記中，我領教了它對諮商者的危害，從而變得更善於挖掘人行為背後的潛在動機。

莫妮卡靜靜地坐在我面前，一臉憂傷。她是哈佛大學一年級的學生，西班牙裔美國人，性情活潑，說話很有條理，也顯得很有主見。她找我諮商是否應從哈佛大學轉學，使我深感意外。

莫妮卡來自紐約州中部的小城鎮，父母都在銀行工作。她自小學習成績不錯，很受老師喜愛。她有著西班牙人熱情奔放的性格，善於交際，從小到大都是學校裡的風雲人物，曾擔任學校籃球隊啦啦隊的隊長。進入哈佛之後，她同時參加了三個俱樂部的活動，還是其中一個俱樂部副主席。她談話時那副真誠的樣子，也深得我的好感。

但莫妮卡告訴我，在哈佛大學並不開心，主要原因是學習吃力，成績不盡如人意。剛入學時，她對學習落後並未太在意，以為只是暫時現象，後來，無論她怎麼下功夫都趕不上學習進度的要求，往往上一堂課的問題還沒有搞清楚，新一堂課的問題又出現了。連續不斷的消化不良，莫妮卡說已經無法應付日益沉重的學習壓力了。「我總不能一天到晚都待在宿舍或圖書館裡吧，那不符合我的本性，也無益於我的健康。」她抱怨說。

莫妮卡說自己是那種玩起來就盡情的女孩子，喜歡與人交往，特別喜歡有男孩子約她。她在頌揚聲中長大，不能沒有人喜歡她，而在哈佛大學卻得不到這份自尊心的滿足。她形容哈佛大學的學生個個鼻孔朝天，沒有家鄉人的質樸和親切……

前思後想，莫妮卡打算從哈佛大學轉到紐約一所一般大學。她將這個想法告訴父母，遭到強烈反對。她是父母兩家族中第一個上哈佛大學的人，也圓了她父親當初未能上「常春藤」大學[1]的夢。無論她怎麼講，父親都是一句話：「莫妮卡，妳可不能打退堂鼓啊，一定要在哈佛待下去。」

無奈之中，莫妮卡來到我們這裡求詢，想知道該怎麼辦。聽完她的敘述，我很有信心幫助她克服當前的困難，並先安排五次會面，每週見面一次。

最初兩次會面，我除了認真聽莫妮卡訴苦之外，還與她討論了學習落後的具體原因，很快發現時間安排很不合理，她把每天最精華的時間放在課外活動上，把最差的時間留給學習。例如白天上完課之後總要約幾個朋友見面，或參加俱樂部活動，直到晚上才開始做當天的功課；另外，只要有人邀請她參加集會、約會等，也是有請必應。學習這麼被動，我心想她從未認真學習過。

莫妮卡還抱怨作業總做不好，得不到理想成績。做作業時，她總是盯著電腦發呆，半天打不出一行字。她提到有個孿生姐姐卡洛琳，以前做作業通常是兩個人一起做，因此養成了習慣，沒有卡洛琳在身旁就無法好好做作業……

針對這一系列問題，我幫莫妮卡制訂了周密的學習計畫，要求她每天在一定時間內，先完成當天的作業及其他功課，然後再去做別的事情。為監督她按時完成這一學習計畫，我與她約定每隔一天就打電話給她，瞭解她的進展情況並給予必要的指導。同時，我也要求她到哈佛大學寫作中心求助，幫助她提升寫作技巧。我反覆對莫妮卡講：「我相信妳完全有能力克服當前的困難，改變學習落後的局面，妳一定會在哈佛成功的。」

為了激勵莫妮卡，我也向她講述了初上大學時學習不適應的經歷，特別強調由於我努力不懈，最終趕上了班上的同學。她聽完我的故事，好奇地問我：「你在那段時間內，有沒有想過轉學或休學呢？」

「沒有啊。」我機械地答道，對於她為什麼會問這樣的問題，感到奇怪。

莫妮卡沉吟了一下說：「我真佩服你當時能堅持下來，沒想到轉學或休學。」

「我能，妳也能的！」我堅定地回答說。我心想，這樣鼓勵莫妮卡，一定會令她振奮不少。但是她只噘了噘嘴，什麼都沒說就走了。

我當時感到很失望，接下來的兩個星期內，莫妮卡既沒有按照約定來見我，也不回我電話，儘管我曾打電話給她三次，並留言請回話。我不明白她為什麼有這種反應，帶著這些疑問，我去見督導，讓他聽我們談話的錄音[2]，商討下一步對策。

反移情傾向

沒想到，向督導彙報我的諮商過程時，我與督導竟爭執了起來，因為有嚴重的分歧。我的計畫是想竭力幫助莫妮卡度過當前的難關，扭轉學習的被動局面，讓她順利完成在哈佛大學的學業，而不是用轉學的辦法來逃避困難。督導卻指責這麼做增加了莫妮卡的心理負擔，也抑制她自主能力的發展，阻止她獨立決策去留問題。

「你認為究竟怎樣做才能幫助莫妮卡呢？」督導問我。

「我以為首先要幫助她認清當前學習困難的原因，看看自己有多大能力可以克服，然後再考慮去留問題。」

「你主觀上等於替莫妮卡做了主，就是留在哈佛。在你的諮商中，沒有和她認真探討在哈佛的感覺如何，而是直接討論了她的學習困難和解決方法。這樣做實際上是暗示莫妮卡留下來。」督導不客氣地指責我。

「就算是這樣又有什麼不妥呢？每一個能來哈佛求學的人，都是很不容易的呀。做為諮商人員要儘可能幫助他們完成在哈佛的學業，而首先是幫助他們建立必勝的信念……」我爭辯道。

「錯啦，」督導不客氣地打斷我的話，「你知道嗎，不是每個來哈佛大學求學的人都願意在這裡待下去，也不是每個從哈佛大學轉學或退學的舉動都是無能的表現。」望著我一臉困惑，督導又補充說：「我發現你的諮商態度中有嚴重的反移情傾向[3]，因為你從中國來哈佛大學，很珍惜這個學習機會，但不能把自己對哈佛的珍視強加在別人身上，你沒有權力那麼做……」

「我沒有任何強加於人的意思，」我生氣地打斷督導的話，「我只是想幫助莫妮卡慎重做出生活的抉擇，日後就不會詛咒我幫她做出錯誤的決定。」我感到自己的聲音發顫，臉頰發燙。

見此，督導緩了緩語氣說：「請原諒我剛才說話有些生硬，但你沒有與莫妮卡認真談她在哈佛大學的感覺如何，怎麼知道她沒有慎重考慮過這個問題呢？」我開始感到督導說的話不無道理。

「你知道莫妮卡為什麼在聽完你上大學的困難經歷後，問你有沒有動過轉學或休學的念頭嗎？」

「我想她是好奇吧？」我遲疑了一下回答。

「錯啦！這不清楚嗎？莫妮卡還是想從哈佛轉學，她也想知道你當初有沒有這個念頭。事實上，她是想從你口中得到肯定的答覆，不然她為什麼要問你這個問題呢？」我望著督導，沒有回答。

「你知道莫妮卡為什麼這兩個星期不來見你嗎？」

「是啊，我也很疑惑。」

「這一點都不奇怪。這是典型的阻抗[4]表現。莫妮卡不願再來見你，說明你們之間缺乏共同語言，也說明你幫她設計的學習計畫可能太主觀了……」督導說話的口氣又開始生硬起來。

「我能理解，也許我說話的口吻有些像她的父母，所以使她不願再來見我……」我開始反省自己。

「何止於此，」督導又打斷我的話，「以我的感覺，莫妮卡不來見你，實際上是發洩對她父親的不滿。因為你們都在壓制她的自主決策，所以，她把你們看得一樣。」

督導摸了一把下巴接著說：「也許莫妮卡從哈佛轉學是一件好事呢，因為只有這樣，她才能真正做一回自己命運的主人。」

「難道做命運的主人就非得從哈佛轉學不可？」我仍不甘心地問。

「難道留在哈佛就一定對莫妮卡有好處嗎？你想想，我們心理諮商的宗旨不是替人決策，而是助人自助。」

我無言以對。

* * *

與督導的爭執使我陷入了空前的困惑。連日來，耳邊一直迴響著那場激辯。難道我不該幫助莫妮卡珍惜在哈佛大學的學習機會嗎？難道我這樣做是幫倒忙嗎？難道我真的強加於人嗎？我感到自己與督導在諮商觀念上存在明顯的文化差異[5]。出乎意料的是，莫妮卡三天後忽然打電話來，說想次日來見我。我答應了，想知道她為什麼忽然又想來見我。

第二天，她按時來到我的辦公室，坐定之後，向我道歉說前些日子太忙了，沒有回電話，還說她決定不惜一切代價留在哈佛，完成學業。

如果她早幾天告訴我這一番話，我一定會為她的決定而高興萬分。但想著四天前與督導的爭論，我疑惑地問她：「這是妳的真實想法嗎？」

「是啊。」她一臉誠懇地回答。

「那妳為什麼過兩個星期才來告訴我呢？」

不想這一問，莫妮卡竟半天沉默不語。過了一會兒，她告訴我，今天來見我其實是她父親的指令。因為他得知莫妮卡還是執意從哈佛轉學時，就特地從紐約州趕到波士頓來勸她。談話中，他得知我為莫妮卡制訂了一個周密的學習計畫，大表讚賞，並要求她積極配合。至此，我才明白督導的想法沒有錯，留在哈佛的確不是莫妮卡的本意，而是家庭壓力所致，不然她是不會這麼委屈的。

我曾試圖讓莫妮卡講出不願留在哈佛的真實原因，她卻總是說不願再讓父母失望了。但她到底為什麼想離開哈佛？我疑惑不已。

負罪感才是轉學的原因

我把與莫妮卡這次見面的情況彙報給督導。聽完之後，他問我：「好，你覺得現在該做什麼？」

「鼓勵她多講心裡話，不要再給她任何壓力。」

「對啦，」督導使勁地點點頭說，「不要急著與她談哈佛的去留問題，而是多談她的成長經歷，讓她自然地做出下一步抉擇，不要勉強她。她需要透過這件事情成熟起來，增強自主能力。」另外，督導提醒我多探討莫妮卡與孿生姐姐卡洛琳的關係，這可能是重要的線索。

就這樣，我恢復了與莫妮卡的定期會面，但不再要求她執行以前訂的學習計畫。遵照督導的提醒，我們談了許多莫妮卡的成長經歷以及她與卡洛琳的關係，結果發現了一系列極為重要的線索。

原來，莫妮卡和卡洛琳這對孿生姐妹，從小到大都是一起活動的。不幸的是，卡洛琳十四歲那年遭遇了一場交通事故，脊椎骨因此受傷，只能坐輪椅活動。此後，莫妮卡每天都儘可能為姐姐補課，使她開心。

卡洛琳後來雖然復學了，但學習成績再也不能像以前那樣出色。高中畢業後，只錄取了附近一所社區大學。莫妮卡對此一直深感不安。

因為，她本來才是那次交通事故的受害者。事情經過是這樣的。

莫妮卡高三時新交了男友，一天，那個男孩子騎著摩托車來，說晚上要帶她出去看電影，她立刻答應了，可是到了晚上卻突然感到身體不適，有點不想去，又怕掃男友的興，左右為難，決定請姐姐代她赴約，反正兩姐妹以前經常玩這種替代的把戲。姐姐起初不大情願，但經不起懇求，就答應了她。

沒想到，那個男孩在路上違規行駛，與另一輛小轎車相撞，卡洛琳被拋了出去，脊椎受傷，終身殘廢。

莫妮卡對此事件深感內疚，認為是自己害了姐姐一生，覺得欠了姐姐一輩子的情，想永遠伴隨在姐姐身旁，一生不分離。

莫妮卡講這一段痛苦經歷時，泣不成聲。更令她無法忍受的是看到自己的生活這樣輝煌，而姐姐的生活卻那樣暗淡。她不能原諒自己那天的自私，也深恨擇友不慎，使姐姐倒了大楣。她寧可自己終身致殘，由姐姐來照顧，也不願面對現在的局面。總之，她擺脫不了內疚對精神的折磨。

聽了這番話，我發現一開始的確瞭解得太少，這麼重要的情況都不知道，怎麼幫得了她決定生活去向呢？同時，我更佩服督導敏銳的觀察力。看來，莫妮卡對姐姐的負罪感才是影響學習情緒並打算從哈佛轉學的潛在原因，而她廣泛參與各種社會活動，也是為了轉移內心的痛苦，或是為了從哈佛轉學找到藉口……

我恍然大悟，也為自己最初的簡單行事感到慚愧。我以自己的生活經歷和願望去揣摩莫妮卡的心理，沒有充分挖掘表象背後的玄機，當然不會與她產生思想共鳴了。

莫妮卡講出了想從哈佛轉學的潛在原因後，內心平靜了許多，以後的會面也不再失約。

她坦承前些日子不願來見我，是因為我制訂了一個讓她一看就頭疼的學習計畫，使她更心煩意亂，也不想接聽我的電話……她的話使我感到陣陣臉紅。的確，過去一個多月裡，我無形中給莫妮卡增添了新的心理壓力，使她透不過氣來，還自以為幫了大忙。未盡聽而先足言，勢必會以己度人。這使我想起了多年前的一件往事。

「把話講完」是情緒宣洩的必要步驟

一天，我在北京的小餐館吃飯。我點完菜不久後，兩個年輕人走了進來，在旁邊的一張桌子坐下，叫了兩瓶啤酒，一盤冷拼。其中一人開口說：「那丫的[6]，居然敢不理我，去找別人。哼，也不看看我是誰……」

沒等他說完話，旁邊的小夥子便插嘴道：「哥們兒你也是條漢子，這麼提不起、放不下的。她有什麼了不起，竟敢甩了你。像你這樣的帥哥，還怕找不到比她更好的女人？真是活見鬼了……」

我注意到勸慰的小夥子滔滔不絕地說，而失戀的那位一直沒吭聲，一個勁地喝悶酒。我當時不明白這是為什麼，等我學習了諮商心理學才明白其中的道理。那位勸慰的人當時根本不該多講話，而應該多傾聽；說話，正是那位失戀者當時最想做的事情，因為宣洩不良情緒是任何形式諮商的首要任務。

聽，是善意的表示，是虛心的象徵，更是建立同感的基礎。聽，要求你誠心誠意地出租你的耳朵[7]，全神貫注地傾聽對方講話，不要隨意打斷，更不要就對方的話妄加評論。所以，不善聆聽的人是做不好心理諮商的。

我的導師時常教導我們：「去認真聽別人講話吧，幹這行的人最大的獎勵就是別人說你是一個很好的傾聽者。」由此，當別人來找你傾訴某種心靈痛苦時，你首先想到的不是竭力阻止他接著講，而是讓他講下去，把話講完。這是情緒宣洩的必要步驟。

由此，我不再主動與莫妮卡談她在哈佛大學的去留問題，而是著重談她的家庭，特別是對姐姐的特殊感情及在哈佛大學的生活情況。奇怪的是，我愈是迴避莫妮卡在哈佛大學的去留問題，她反倒愈主動提出這個問題。我們兩人好似玩捉迷藏，先是她藏我捉，後是我藏她捉。她好幾次問為什麼不關心她在哈佛大學的學習了，我回答說想對她的過去增強瞭解，以擺脫思想中的主觀意念。

有一次她來見我，告訴我有一門課的考試成績明顯提升，我立即祝賀她，並問為什麼會有這樣的好成績，她告訴我，近來心情感覺沒以前那麼沉重了。

「妳說近來感覺輕鬆了許多，指的是什麼？」

「沒有人再逼我啦，心情就沒那麼沉重了。」

「請妳說得再具體一些，好嗎？」

莫妮卡側頭理了理搭在額前的頭髮說：「以前我爸爸總是逼我努力學習，卻從不關心我的感覺。而你最初講的話與我爸幾乎一模一樣，所以我很不開心，也不願再來見你。」

「這個我理解。我很抱歉當初使妳失望了。那麼，是什麼使妳轉變態度呢？」

「是卡洛琳，」她面露欣慰的神色，「以前我從來沒有把內心的痛苦完全講給她聽，讓她瞭解。但自從來這裡與你談了許多內心感受後，我意識到最該交流心思的人，其實是卡洛琳。我上週末與她通了電話，談了大半夜。我把對她的思念和負疚心情全講了出來。我們兩個人都哭了。」

過去是忘不掉的，談清楚才能獲得內心的平靜

說到這裡，莫妮卡忍不住又哭泣起來，隨手抽出一張面紙。停了一會兒，她接著說：「卡洛琳說那次交通事故後，很長時間內，她一直埋怨我。特別是當她看見那個男孩子又騎著摩托車載著其他女孩子兜風時，就更受刺激了。但現在，她的心情平靜多了，因為有我理解她。卡洛琳還說她也一直盼望能有這樣的機會與我談一談內心的不平。她與爸爸、媽媽談此事時，他們總是希望卡洛琳儘快忘掉過去的一切。這怎麼可能呢？過去的一切是忘不掉的啊，只有談清楚才能獲得內心的平靜。她很高興我打了電話給她，因為只有我們兩個人的心才能彼此相通……」

「過去的事情是忘不掉的，只有談清楚才能獲得內心的平靜。妳姐姐講得真好！」我深有感觸地說。

「是啊！我也是這麼想的。其實，我何嘗不珍惜在哈佛大學的學習機會，這是我們全家人的夢想。但我受不了每天見不到卡洛琳的痛苦，更不能忍受自己剝奪了她一生的幸福。如果那一天是我去赴約，今天坐在這裡與你談話的，也許就是卡洛琳了。」說到這裡，她的眼睛又溼潤了，我跟著歎了口氣。

這時，莫妮卡望見了對面那幅國畫，出神地說：「你知道嗎，我每次看見這幅畫中的兩隻小鳥，都不由得想起卡洛琳。我就像其中的一隻鳥，無論飛到哪裡都會感到孤獨，因為我與卡洛琳是不可分割的整體。我也向卡洛琳講了這一感受。」

「那卡洛琳怎麼說？」

「她說沒想到我現在還有這麼深的內疚，並準備離開哈佛。她很感謝我有這份心思，但不需要我憐憫，更不願意我為她犧牲。她答應我，如果我把哈佛大學讀完，她也一定會把社區大學讀完。姐姐還說無論我飛到哪裡，她的心都與我同在。」說到這裡，莫妮卡失聲痛哭，久久不能平復。

但我知道此時的哭乃是健康的哭，是正常的情緒宣洩。她不僅為卡洛琳哭，也為自己而哭。是啊，如果沒有那一場交通事故，他們這一家人該多麼幸福！她早就需要這樣痛哭一場了，可惜的是，在此以前，一直沒人能給她這樣的機會去痛快地哭一場！

這哭聲中，我隱隱感到莫妮卡已經決定留下來了，這一次是她自己做出的決定，而非順從了他人的旨意。莫妮卡需要做一回自己命運的主人！

果然，莫妮卡最終真心表示要留下來，因為她與姐姐有了感情的溝通，有了心靈的默契。姐姐也要她留下來！

* * *

此後，我和莫妮卡又見了兩次面，只談了一些具體的學習技巧問題。莫妮卡的悟性很高，也能很好地調整自我。說到底，她的學習困難只是一種假象，對卡洛琳的負疚心理才是問題的實質。

最後一次見面，莫妮卡送了一張感謝卡，上面只寫了一句話：Thank you for your understanding.（感謝你的理解）。

讀著她的卡片，我明白了這句話包含她想對我說的一切。我對莫妮卡說：「我覺得自己對妳的理解還很不夠。」

「剛開始是這樣的，」她微笑著答道，「但後來你做得非常好。我特別感激你不再主動對我提哈佛的去留問題，一切由我自己決定。最重要的是，你懂得啟發我，讓我想明白最初要從哈佛轉學的根本原因。尤其感激你的諮商促使我和姐姐溝通了心靈，分擔了彼此的痛苦，也共同獲得了心理平衡。你一再與我談論過去的事情，實際上就是幫助我下決心去和卡洛琳傾心交談。」

「真的？」我不相信自己的「不談策略」反倒使莫妮卡下決心留下來，於是開玩笑說：「那我豈不成了魔術師？」

「你真是這樣的。」莫妮卡一臉認真地說。

我拿著感謝卡去見督導，談了莫妮卡說我變成魔術師的評論。督導聽完笑了，連連稱讚我後來處理得很好。

我說：「我們中國文化很強調陰陽平衡。我發現在心理諮商當中同樣存在著這種陰陽平衡的現象。當你硬要一個人做什麼事時，他也許不會真心去做；當你不再給壓力時，他反而可能會去做。所以心理諮商就是以『靜』促『動』，以『無為』帶來『有為』。」

督導說：「對對，你的這一觀察非常有道理。我以前也讀過老子的《道德經》，現在想來，這種『無為』和『有為』的相互轉化，不就是在變魔術嘛！」

心理諮商也好似陰陽平衡的魔術。這個總結實在是太妙啦！

【個案分析】

▼1 經驗主義的陷阱

為莫妮卡做心理諮商簡直有些像玩捉迷藏。起初，我「捉」不到她，因為完全憑經驗辦事，結果倒與她父親「結盟」，敦促她留在哈佛。後來，莫妮卡又「捉」不到我，因為我不再主動談論哈佛的去留問題，無形中推動她與卡洛琳談論這一問題，她不再被動地依靠他人的幫助，而是透過與姐姐溝通，自己看清了是否應留在哈佛。

這樣一來，由「我進彼退」到「我退彼進」，不光使莫妮卡從長久以來的心理負擔中解脫，最終做出了令大家都滿意的決定，也使我對心理諮商的實質有了更深的領悟，即心理諮商包含著虛實的互補和陰陽的平衡。

最初為莫妮卡諮商，我只簡單地根據以往的生活經歷和諮商經驗，為她制訂了一個十分周密的學習計畫。但那時我尚未弄清問題的根本原因，再周密可行的學習計畫也無法解除她的心結，難怪她看了就感到頭痛。這都是因為我急於想使她在哈佛取得成功，不忍心看到她就這麼轉學。我根本沒想到對她來說，愈是在哈佛成功，愈感到有愧於卡洛琳。

此外，我還沒有與莫妮卡認真討論哈佛去留問題的緣由，就直接講怎麼幫她克服學習困難。這種作法確實是替她當家做主了，無形中增加她的心理負擔。可悲的是，我一開始對此毫無察覺，難怪督導會與我發生激烈的爭執。

這都是經驗主義給我的教訓。

▼2 冰山下的心裡話

莫妮卡最初來見我，表面上談的是她在哈佛的學習不適應，實際上是談內心掙扎。可惜，我只聽進她話中的表層意思就匆匆採取行動，結果造成她不再來見我。後來，我開始探究她講話的真實意思，才使她講出了隱情，也使我的諮商峰迴路轉，柳暗花明。

當我意識到對莫妮卡的情況不能單憑經驗來判斷，便調換了方法，努力探究她留在哈佛感到不安的緣由。當她又來諮商時，我刻意迴避提及哈佛的事，就是要使她瞭解我不想勉強她做任何事情，讓她確信自己完全有能力做出合乎情理的決定。

莫妮卡逐漸領悟到最該交流心思的人正是卡洛琳，於是，她們之間有了那場開誠布公的談話，終於又心心相印了。

我後來對莫妮卡的態度基本上採取了「格式塔療法」（Gestalt Therapy）[8]，即透過討論她在哈佛大學的感受、體驗及與之相關的生活經歷來推動實現「自我的綜合」，完成她與卡洛琳因那場交通事故而產生的「未完成情結」，最終擺脫愧疚對心靈的折磨。

這一過程中，莫妮卡由被動變為主動，由消極變為積極，由決意要從哈佛轉學到誠意留下來，她的思想經歷了質的變化。這一切都是因為受到了應有的尊重與信任。

【諮商話外音】

▼1 人腦裡意識與無意識的對話

人的意識通常被視為有別於動物最顯著的標誌，傳遞有意識的心理生活則是大腦非常重要的功能。誠然，意識是大腦的顯著功能，但腦科學和心理學的研究也告訴我們，無意識的心理活動同樣是心智與行為的有力推手。精神分析創始人——偉大的佛洛伊德率先將潛意識領域的研究帶入了人們的視野，並建構了獨樹一幟的「本我—自我—超我」、「意識—潛意識」交互作用等著名的心理學理論。

在莫妮卡的個案中，從意識層面看來，她的學習壓力造成做出轉學的決定。隨著諮商慢慢深入，深藏於潛意識的動機和願望逐漸顯露出來，內心深處對姐姐的愧疚才是想離開哈佛的重要原因。當諮商師與她進行深度的心靈對話，感受內心深處的「難」和「痛」時，讓她獲得了陪伴的力量。最終由衷地做出了自己的抉擇，為目標竭盡全力。

在精神分析理論看來，心理困惑和精神障礙是「本我—自我—超我」的失衡，也是心理能量過度鬱結或耗散的副產品。做為心理諮商師，僅看到表層的問題、就事論事、憑經驗辦事，是遠遠不夠的。透過意識去深入潛意識的汪洋大海，與案主共同尋找問題的癥結，並引導至意識層面分析與領悟。這樣才能夠做到潛顯修通，讓案主的人格得到新的整合與完善。

▼2 心理諮商中的「虛功」是如何體現的？

心理諮商中，如果說直接勸導是「實功」，間接啟發則可稱為「虛功」。兩者之間往往不互相排斥，而互為補充。

莫妮卡對哈佛去留問題的思考上，父母一再要求她留在哈佛，我曾一度「加入」了他們的吶喊，結果使她更加沮喪。我們沒有體察到她那份「剪不斷，理還亂」的苦心，所以愈是敦促她留在哈佛，她當然就愈不情願留下了。這種作法都是「實功」的表現。

後來，我不再主動談論去留問題，而是啟發她自己去思考，才使她意識到對姐姐的負疚心結影響著她的情緒。根源挖出了，便心甘情願地決定留在哈佛，不需要我做任何勸說。正應了《紅樓夢》的一句話：「心病終須心藥治，解鈴還是繫鈴人。」

我由幫莫妮卡制訂周密的學習計畫到不提任何計畫，由替她做主到竭力推動她自己做主，實際上是走了一條「由陽而陰」、「以虛擊實」的道路。到頭來，我的「無為」之策促使莫妮卡做出了「有為」之舉，取得了理想的諮商效果。這即是心理諮商之「虛功」所為。

▼3 心理諮商對生活中的一般勸慰有什麼啟發？

為莫妮卡諮商的過程中，我被她和卡洛琳之間的深厚情誼深深感動，也為她們的遭遇而感到無比惋惜。就心理諮商而言，這個悲劇給她們姐妹倆帶來的心靈創傷是一定要說清楚的。只有說清楚才能使兩個人都獲得心理平衡。像她們父母那樣勸說兩人儘快忘掉過去的作法，反而適得其反。問題在於，一般安慰和勸說往往是想讓當事人儘快忘掉那些痛苦的經歷，勸他們不要再回憶，要往前看。作法固然用心良苦，卻無助於解開心結。這種非同感性語言正如人們常抱怨的那句話：站著說話不腰疼。

對當事人來說，過去的傷心事尚未談出來、說清楚之前，很難達到真正意義上的「忘卻」。在一般情況下，人們對痛苦的往事是想談清楚的，以獲得理解和解脫。若他們沒有談，不意味著不想談，可能是因為沒有找到適當的機會和對象，或尚存顧慮，未有勇氣去談。人們只有想明白了，才能從根本上甩掉包袱，放鬆精神，獲得平衡，不再沉溺於對往事的追悔和懊惱。

念世事滄桑，人哪有完全不受傷害的呢？故此，當你努力安慰身邊那些遭受傷害的人時，請不要簡單地說「過去的事情就讓它過去」之類的話，那可能是當事人最不願聽的。如果他們沒有對你的勸慰做出直接反應，不意味著他們聽從了你的勸慰，可能意味著你的話不中聽，或你不懂他們的心。

莫妮卡之所以最終回心轉意，留在哈佛，也是因為我從未對她講「過去的事情就讓它過去」。莫妮卡的父母一直這麼講，反而使她和卡洛琳都對往事念念不忘。我沒有這麼講，她反倒對我感激萬分。

這也是心理諮商和一般勸慰的本質區別所在。人得了病，只有對症下藥才能醫好。那種「不找到病根，只靠時間」的治療方法是不能根除疾病的。體病如此，心病亦然。

心理諮商小知識

心理平衡

「心理平衡」一詞可謂中國人獨創的心理學術語。

在西方心理學與心理諮商的詞彙中，沒有psychological balance這一術語。其實「心理平衡」就是指人們用昇華、幽默、外化、合理化等手段來調節對某一事物得失的認識。中國人之所以用「心理平衡」一詞來形容這樣的心理調節過程，大概可以歸結到思維的陰陽對立、福禍轉換的文化基因上。千百年來，中國人看待個人的榮辱得失時，深受老莊道家思想的影響，故講究內心的平衡之道，所以用「心理平衡」形容自我的心理調節絕非偶然，而且十分貼切。

其實，心理學中常用的內向、外向概念，就是瑞士心理學家榮格讀了老子的《道德經》之後創造的，其中即含有陰陽平衡之意。

❖ 註釋

1 常春藤大學（the Ivy League Colleges），指美國東部八所歷史最悠久的私立大學，分別是哈佛大學（Harvard University）、耶魯大學（Yale University）、普林斯頓大學（Princeton University）、哥倫比亞大學（Columbia University）、布朗大學（Brown University）、康乃爾大學（Cornell University）、賓夕法尼亞大學（University of Pennsylvania）和達特茅斯大學（Dartmouth College），早年經常相互舉行體育比賽。由於它們的校舍都有藤樹枝纏繞，所以被冠之常春藤大學。

2 做為實習諮商的一部分，我每次見來詢學生都徵求他們是否同意將我們的對話錄音下來，以便事後與督導討論。如果學生不同意錄音則不加勉強。

3 反移情傾向（counter-transference），指諮商者將個人對事物的某種偏好投射到案主身上的無意識反應。

4 阻抗（resistance），指案主對諮商者諮商目標、方法不滿的表現。

5 美國人在一般的心理諮商中，強調尊重個人的自主性勝於其他因素，這是他們的思維特點，與他們崇尚個人主義（individualism）的文化傳統有著密切關聯。

6 丫的，北京方言，是個罵人的詞。

7 心理諮商中有一句行話：心理諮商就是出租你的耳朵（Counseling is to lend your ears）。

8 格式塔療法，由佩爾斯（Frederick S. Perls）創立於二十世紀六〇年代，其要點如下：

A.人都有能力處理好自己的事情，心理諮商的中心任務是說明案主充分認識到自我在現實中的存在和感受。由此，心理諮商不求為案主的困難做解釋與指導，而是鼓勵案主主動承擔責任，主持自我的治療與改善。

B.人應該將精神集中在現在的生活與感受上，而不要對過去的事情念念不忘。人的許多焦慮都產生於不能正確對待以往生活向當前生活的過渡，以逃避現實的作法來處理個人生活中的種種挑戰和壓力，嚴重阻礙了一個人的健康成長。

C.使人積極面對現實、健康成長的一個重要手段，就是幫助他完成內心那些「未完成情結」(unfinished business)，這通常指個人因以往生活中的某些心靈創傷和刺激經歷所留下的不良情緒體驗（如懊惱、悔恨、內疚、憤怒等）。它們猶如一個個心結，繫住了人在現實生活中的自由活動。而要使人全心全意地投入現實生活，就必須排除這些心結的干擾。

D.在諮商手法上，格式塔療法非常強調幫助案主由「環境支持」轉向「自我支持」，以使案主從一開始就不依賴他人，儘量挖掘個人的潛能。

卡爾．榮格

（Carl Gustav Jung，一八七五～一九六一），瑞士心理學家。一九〇七年開始與佛洛伊德合作，發展及推廣精神分析學說長達六年之久，之後因理念不合而分道揚鑣，創立了榮格人格分析心理學理論，提出「情結」的概念，把人格分為內傾和外傾兩種，主張把人格分為意識、個人無意識和集體無意識三層。曾任國際心理分析學會會長、國際心理治療協會主席等，創立了榮格心理學學院。一九六一年六月六日逝於瑞士，他的理論和思想至今仍對心理學研究產生深遠影響。

三、

職業選擇：
聽自己的，還是聽父母的

職業選擇是人生的重要抉擇之一，父母的期望時常與子女的選擇發生衝突。心理諮商人員應在幫助案主認清自我的同時，增強其與父母的心理溝通。心理諮商人員應注意不要充當父母與子女衝突的仲裁人，而是當調和人。

嘉慧是美籍華人，正在讀哈佛大學四年級，性情溫和，舉止嫻靜，說話慢條斯理。她來找我談職業去向問題，同是華人，我們之間的對話基本上用中文。

嘉慧自幼喜歡文學，寫作能力不錯。上哈佛大學後，在學生自辦的報紙 *Crimson*[1] 當記者，最近被提拔為副主編。同時，她不斷投稿給美國某些很有影響的報紙、雜誌，很受一家婦女雜誌主編的青睞，幾乎每投必中。她的夢想是成為一名記者或專欄作家，可惜她的父母（特別是她的父親）並不這麼想，他們給嘉慧兩個選擇，一個是學醫，另一個是學法律。

在現實的社會，該如何選擇職業？

嘉慧的父親是醫生，叔叔是律師，當初兩兄弟由臺灣來美國留學時，一個想學文學，一個想學藝術，結果都沒有按照原先的興趣行事，而是根據現實生活的需要，另外選擇了專業方向。由此，嘉慧的父親時常教訓嘉慧說：「美國是個很現實的社會，最現實的事情就是錢。有錢就受人尊重，沒錢就受人鄙視。而掙錢最可靠的兩個行業就是醫生和律師，妳知道吧。」

嘉慧有一個姐姐在父母所給的選擇下決定學醫，正就讀於哈佛大學醫學院。有鑑於此，父母希望她能像姐姐那樣聽話，選擇上哈佛法學院或醫學院，畢業後找到一份高收入的工作。但嘉慧的夢想是成為知名作家，寫幾本暢銷書而立足於文壇。她對寫作有一種說不出的興奮與期盼，自言生活最溫馨的時刻就是坐在電腦前寫文章的那一刻。可惜，嘉慧的父親不能分享她的作家夢，他最關心的問題是她什麼時候申請哈佛大學法學院[2]。

溝通與傾聽

嘉慧不知如何是好，一臉愁容地坐在我面前，不斷問我該怎麼辦。我一再解釋只能幫忙讓她自己做出決策，卻不能替她決策。無論我替她做出什麼決策，都不能真正解決問題。

「妳爸爸為什麼這麼強求妳學習法律呢？」

「還不是因為當律師工作穩定、賺錢多。而且我老爸有一個理論，就是華人想在美國社會立足，就一定要打入主流社會。他認為做個小商小販、辦報編雜誌的工作，都不足以做個堂堂正正的美國人，不會被人瞧得起。美國是個很現實的社會，有錢，就會有人來巴結你、尊重你；沒錢，人家就會排擠你、歧視你。如果想在美國社會過『人上人』的日子就要上法學院或醫學院[3]，懂嗎？」

「那妳怎麼看呢？」

「我承認老爸說得蠻有道理。臺灣的許多親戚都很羡慕我老爸在美國當醫生，賺那麼多錢。但我覺得做律師、醫生，都是男生要做的事情，女生沒必要活得那麼辛苦啊。

你不知道我老爸這些年都是幾點下班？都是晚上八、九點鐘！我才不願意像他那樣過一輩子早出晚歸的日子呢。還有，我最害怕在公眾場合講話，可是做律師一定要在眾人面前侃侃而談，與人辯論，我的口才沒有那麼靈光。」

「那妳爸爸怎麼想？」

「他總是說叔叔當初也是很膽怯的人，他現在卻變得非常擅長講話，還說叔叔最初來美國曾想去學戲劇，是他逼著叔叔改學法律的。現在叔叔特別感謝爸爸，說是我爸爸把他帶上了正途。特別是我嬸嬸長得像個大明星似的，要不是叔叔學法律，她才不會嫁給叔叔呢。」

「所以妳爸爸也要把妳引入正途？」我笑問嘉慧。

「對呀！但我就是不喜歡當律師。學法律要背那麼多法律條例，而且每次打官司都要鑽研原來法律條文的空洞，製造出新的條例。難怪美國法律有那麼多條例，就是大家都想在打官司中製造出新的法律條例。如果大家都按現有的法律條例辦事，不就省事了嗎？」

「看來妳對美國法律挺精通的。」

嘉慧不好意思地笑了，接著說：「我就是不喜歡法律，可是爸爸總是拿叔叔來壓我。說我在報社當記者或編輯，一年不過掙個三、四萬美元；如果去當律師，起薪最少也有七、八萬。十年之後，記者的年薪頂多漲到八、九萬，而像樣的律師起碼會掙四、五十萬。爸爸說叔叔的年薪已經超過他了，可是他比叔叔早工作三年呢。」

「那妳怎麼看呢？」

「我還是喜歡寫作！」嘉慧答道。

接著她反問：「你怎麼看我老爸說的這一切，你覺得我老爸的話有沒有道理？」

嘉慧這麼一問，我一時不知如何回答是好。

做為一個留學生，我很能理解她父親的話。來美國求學這些年，曾經做過三十多種打工，深知賺錢不易，也明白上哈佛法學院對一個人的前途意味著什麼。要是再給我一次選擇專業的機會，說不定都會去學法律。

嘉慧尚年輕，未曾體會過生活的艱辛，對生活充滿了憧憬與夢幻。她既不能完全理解父親的用心，也不能完全體會父親這些年來經受的磨難和委屈，把從事律師和醫生職業當作「男生的事」，顯然是淡化了這兩份工作的實際意義。嘉慧的父親在美國社會是成功者，講的話也是由衷之言，的確，在美國當律師和醫生是步入富人社會的「金光大道」。我想，如果我與嘉慧父親相會，會有不少共同語言。

另一方面，做為諮商員，我的首要任務是幫助案主判斷、處理當前的問題。儘管我能夠認同嘉慧父親所講的道理，但不能讓這種認識影響對嘉慧的態度，那樣我將會成為她父親在哈佛的代言人。為此，我要幫助她做好兩件事情：一是幫助她更好地認清自我，確定適合能力和興趣的職業發展方向；二是幫助她與父母親更好地溝通，使彼此多從對方的角度看問題。畢竟嘉慧是涉世未深的女孩子，應該幫助她提高自己的決斷能力，透過此次諮商經歷增強自己的獨立性，而不是對他人的依賴。

想到這裡，我反問嘉慧：「那妳希望我怎麼回答妳的問題呢？」

嘉慧沉吟了一下說：「當然是希望你能理解我的心思，因為被勉強去做不願意做的事情，總是感覺不好。小時候，我老爸曾強迫我去學鋼琴，結果我也沒學好，直到現在一聽到別人練鋼琴，還感到頭疼。」

「妳是想讓我支持妳的想法，將來成為知名作家，是不是？」我插嘴說。

「對呀！」嘉慧臉上綻出開心的笑容，神情表明了她的態度[4]。

「我可以理解妳的心思，但妳能理解妳老爸的心思嗎？」

「你指的是什麼？」嘉慧不解地望著我，笑容瞬間即逝。

「我的意思是妳老爸苦口婆心地勸妳上法學院，到底為了什麼？妳有沒有認真想過？」

「哼，還不是想讓我多賺些錢，像叔叔那樣，讓大家羨慕。」嘉慧噘著嘴說。

「就這些嗎？」

嘉慧眉毛一揚說：「還能有什麼呢？說實話，有時候我在想，爸爸一再要我去上法學院、當律師，是不是怕我將來賺錢不夠花，去向他討錢。」

「妳有沒有坐下來與妳爸爸認真談一談，他為什麼要讓妳上法學院？」

「躲都來不及，幹嘛自討苦吃。」嘉慧有些惱怒了。

「妳總是這樣躲避妳爸爸的追問，能躲到哪一天呢？」

「那你說我該怎麼辦？我又不是沒有談過，可是老爸根本聽不進我講的話，你叫我怎麼辦呢？」她真的有些生氣了。

望著嘉慧生氣的樣子，我半開玩笑地說：「真生氣了？我知道妳想當作家的心思，但如果不好好與老爸交流想法，他又怎麼會理解妳的心思呢？如果妳不好好地尊重妳父親，汲取他的人生智慧，他怎麼會反過來尊重妳，理解妳的夢想呢？」

嘉慧試探地問：「你是說我應該主動出擊，讓爸爸感到我真想理解他，想聽他講話，而非一定要接受他的要求，那樣爸爸就會願意多聽我講話，是嗎？」

「妳的悟性真好耶。」我學著用臺灣腔笑著回答她。

嘉慧聽了也笑了。

就這樣，我與嘉慧商定，趁兩個星期後的春假回去和爸爸好好談談，主要聽他講話，讓他把為什麼想讓她上法學院的原因說清楚，並儘量不與他爭辯。為了幫助她和她爸爸溝通，我還做了角色扮演[5]，由她當父親，我當她，向她示範怎麼做一個很好的聽者。

主動出擊的威力

春假過去，嘉慧來見我。寒暄之後，我問她談得怎麼樣。

「唉，我是認真聽爸爸講話了。他起初很疑惑我為什麼會變得這麼聽話，稱讚我懂事了，知道怎麼討老爸歡心。他說我從小就很有頭腦，是一塊當律師的料；希望我當律師是想讓我成為成功的美國人，讓人瞧得起。他知道我對法律不感興趣，但興趣是可以培養的。當初叔叔也對法律不感興趣，可是現在興趣可大嘍，錢也是大把大把地賺……」嘉慧滔滔不絕地講。

「妳覺得這次交談對你們的想法溝通有沒有什麼幫助？」

「還是有的啦。」嘉慧噘著嘴說，「至少爸爸現在說話不像以前那麼容易激動了，也能聽得進去我的話了。爸爸說他不想讓我成為一個理想主義者，而是成為現實主義者，因為美國社會不需要理想主義者。爸爸說他最關心的事是如何讓我的事業成功，那樣人生才有意義。」

「噢？這倒很有趣。妳爸爸說他最關心的事是如何讓妳的事業成功。他以前有沒有說過這樣的話？」

「沒有啊。」嘉慧不明白我為什麼這麼問。

「這句話很重要啊，也許這是妳此次與爸爸懇談的最大收穫呢。」

「怎麼說呢？」

「表示妳爸爸開始理解妳了。」

「我還是不明白你的意思。」

「妳想想看，妳爸爸原來認為只有當律師才會獲得事業上的成功，而現在他說最關心的是讓妳在事業上取得成功，但他並未說這個事業一定是當律師。妳不覺得這是很大的變化嗎？」

「真的耶，我也覺得老爸好像鬆口了。如果真是那樣就太好啦！」說著嘉慧拍起手來，接著又說，「我想起來了，爸爸還說無論做任何事情，只要專心去做，總會取得成功。難道他真的改變主意了嗎？」

「無論怎樣，這是一個很好的開端，因為妳和爸爸可以真心地交流想法了，真替你們高興。」

「哇，我真是太高興啦！」嘉慧興奮得臉都紅了。

「妳覺得是什麼使妳爸爸開始轉變態度？」

「還不是像你說的那樣，要多聽多理解。」嘉慧學著我的口吻，嘴角上掠過一絲不好意思的微笑。

她又說：「我明白了你所講的主動出擊的威力了。人都是你先尊重他，他才會尊重你，雖然是一家人，也是一樣的道理。以前我對爸爸講的話就是置若罔聞，結果使他不厭其煩地講上法學院的事情。現在我認真聽他講話，他反而不再像以前那麼固執了，人真是好怪呢。」

「所以說，溝通是打開人心靈之門的鑰匙。」

接下來，我與嘉慧進一步討論怎麼獲得事業的成功來促進她與父親的想法交流。我要求嘉慧將自己在寫作與當律師兩方面的優勢和劣勢羅列出來，分析在哪一邊獲得成功的機率更大，然後再與父親交流想法。我們又做了角色扮演練習。這次，由我扮父親，她扮演自己，我儘量提出各種難題，並幫助她分析怎麼回答才合適。

準備充足後，嘉慧趁週末回家見父親。臨走時，我打了電話給她，問她有沒有信心談好。

「有啊，我是要向爸爸比較兩種職業的利弊，而不是要拒絕爸爸，所以我不用擔心。」

「妳說得太對了。」我稱讚說。

相互尊重的成果

過了那個週末，嘉慧來見我。一進門，她高興地對我說：「爸爸終於接受了我的比較，同意讓我先嘗試當個作家，如果行不通再去上法學院。」

「真是太好啦！妳是怎樣說服妳爸爸的？」

「我完全按照我們準備的對話交談。我不再說自己不去上法學院了，只是強調我從事寫作行業的成功機率可能大得多，而且更適合我的性格和興趣。同時，依照你的建議，我給他看了這些年發表的作品，他每篇都認真看了，誇獎我寫得好，還親了我。我感到爸爸其實蠻通情達理的，只是我以前太不尊重他了。我還告訴他若當記者一段時間再去讀法學院，就會有更多閱歷。你猜我老爸怎麼說？」

「妳老爸怎麼說？」我好奇地問。

「妳別嘴甜了，爸爸知道妳的心思。我這段時間也在反省以前的態度，以前實在是太勉強妳了，應該多給妳一點自由才對，妳媽媽一直勸我，幹嘛讓孩子這麼苦。從今天起，爸爸不再強迫妳去讀哈佛法學院，但妳一定要答應兩件事：一是無論做任何事情都認真地做，爭取做個成功者；二是不要放棄上法學院的打算，許多律師最初也做過記者，高爾副總統也做過記者[6]……」嘉慧眉飛色舞地說。

嘉慧父女可以真正交流溝通了，我感到無比高興。同時，也慶幸自己沒有將個人對生活的感受及對職業的看法講給她聽，令她望而生畏。我更明白做為稱職的心理諮商人員，首先必須是個人際溝通的專家。

在嘉慧的諮商過程中，我沒有做任何心理分析，只是幫助她有效地與爸爸溝通想法，以對爸爸的尊重來換取他對嘉慧的尊重。這當中不但幫助嘉慧認清自我，也增強了她的想法與溝通能力。

嘉慧從哈佛畢業後，被美國很有影響的婦女雜誌《魅麗》（*Amazing*）聘去當記者。臨行前，她打電話給我，說今生今世都不會忘記我這個來自中國的「輔導大師」，並說要把諮商過程寫成小說發表。她還告訴我這段時間內一直藏著一個祕密，就是我長得有點像她的叔叔，所以更不會忘記我的。

「我也不會忘記妳這個一口臺灣腔的未來大作家，希望能很快讀到妳的小說。」

「哈哈……」話筒那邊傳來她悅耳的笑聲。

【個案分析】

▼1 心理諮商中常見的兩難境地——向左還是向右

俗話說：「可憐天下父母心。」這裡指的不僅是父母為了撫養子女而操心，也指父母的許多操心並不為孩子所接受。父母不操心不是，操過了心也不是，做父母真不是一件容易的事。

本個案中，嘉慧的父親執意要讓女兒上哈佛大學法學院，因為只有那樣才可以做一個堂堂正正的美國人。這是移民美國多年的深刻體驗，也是他自己的生活寫照。做為飽經留學生打工磨練的人，我完全可以體會到嘉慧父親對女兒的一片苦心。

但是，嘉慧對自己的人生道路另有打算，而且這種打算是有相當依據的。她不願做自己不喜歡做的事情，想追求個人的生活夢想和幸福。做為她的諮商人員，我也完全能理解她的這份心思。

在他們父女衝突之間，我到底該站到哪一邊，或該採取什麼樣的行動呢？這是心理諮商中常見的兩難境地。

▼2 心理諮商人員應該做個「中性」人

其實，做為一個心理諮商人員，我哪一邊都不需要站，而且哪一邊都不能站。如果站在學生這一邊，學生勢必會對家長說：「連學校老師都認為我的想法是對的，你們的想法是錯的，你們還有什麼可說的？」家長就可能找到學校，抱怨某某老師支持兒子反抗爸媽。如果站在父母這一邊，學生就難與你有共同語言，也難對你的心理諮商保持信心。他一定想：「在家裡聽爸媽訓斥不夠？到學校再聽老師的訓斥，有完沒完！」

做心理諮商，時常是左也不是，右也不是，費力不討好！這是經常遇到的挑戰。應該怎樣處理這種兩難境地呢？

首先要想到，我們不是上帝，不是救世主，不可以代替學生或家長做主。我們做的是啟發引導的工作，而不是勸說教訓的工作。這樣想就與學生位置平等了，不存在誰順從誰的問題。其次，我們應該知道要做的是「釜底抽薪」，而不是「火上澆油」。要幫助矛盾雙方交流想法，竭力從對方的角度考慮問題，而不是使一方倒向另一方。

事實上，凡事都是一分為二的，再不合理的事情也可能有可取的地方。如果矛盾雙方都能認識到這一點，則矛盾衝突就會得到緩解。這正是我在此兩難境地中所做的努力。

▼3 開啟腦力發動機——做最好的自己

通常，人進入青少年時代就會有自我對話：我怎麼樣？我是一個怎麼樣的人？我以後可以做什麼……心理學將其歸結為心理同一性的問題。如果一個個體在這一時期能夠很好地整合以往的生命經驗，把握人生的發展方向，將是非常值得慶幸的事情。

個案中的嘉慧從自己的興趣出發，在求學期間主動去體驗新聞寫作的事，並獲得了同行的讚賞。與此同時也得到了真切的自我認同，並逐漸明白以後要做的事情。這是個體成長過程中的重大標誌。

諮商中，我給嘉慧做過一個「三圈」遊戲，現在與大家分享：請在紙上畫三個圈，三個圈上分別標注我最喜歡做的事、我最擅長做的事、我認為最有價值的事。如果你的答案與嘉慧一樣有高度的重合，要恭喜你了，因為你的人格整合已經達到了相對完美的境地！

在後來的研究中發現，當「三圈」合一的時候，左右腦的資源整合將達到最佳狀態，獲得更持久的動機以及更好的創造力和意志力。大腦的獎賞迴路也得以自然形成並強化。個人的職業去向如果能夠兼顧自己的興趣愛好，將會在職業中獲得最佳的成就體驗，登上自我實現的高峰！在擅長的領域做有意義的事情，你就是一個成功又幸福的人！

【諮商話外音】

▼1 過度模糊的心理邊界易產生親子衝突

清官難斷家務事，是家長為孩子著想正確，還是孩子追求自由明智，很難用非黑即白的思維來加以決斷。親子關係中，如果家長與孩子的關係邊界過於清晰、刻板，例如「你的事自己決定，我的事也不用你插手」，這種教養風格會產生許多問題。相反，如果家長與孩子的關係過於膠著，為某一方代言，例如「你的事情我做主」，同樣也會帶來麻煩與衝突。

家長往往認為孩子是自己身體的一部分，所以可以自作主張地隨意指揮。殊不知孩子是獨立的個體，不只身體，心智亦是如此。特別在青少年時期，孩子的自我意識快速發展時，尊重並傾聽孩子的想法顯得格外重要。個案中的嘉慧父親正是因為尊重並傾聽了她內心的想法和她的積極探索之後，才有了很大的轉變。

家庭問題的諮商中，諮商師也需要理解個體諮商和家庭成員溝通交互的重要性。只有多方面切入，才能夠讓案主釐清思路，自主地做出抉擇並增強行動力。

▼2 心理諮商怎麼幫助人溝通思想？

為嘉慧諮商中，我沒有明確地支持她父親的想法，儘管作為一個過來人，我能認同他的許多看法，但我只是要求她不要對父親講的話不屑一顧，試圖讓她明白也許正是她的抵觸情緒，她父親才更強勢地逼她上法學院。

另一方面，我也沒有明確說嘉慧的文學夢就一定最適合她，我只是與她反覆討論個人的特長和興趣，比較在新聞與法律這兩條職業道路上，哪條路可以走得更順一些，哪條路可以獲得更大的自我滿足。我還要求她將這些具體比較講給父親聽，使他意識到嘉慧在文學與新聞上的巨大潛質。

在嘉慧的諮商中，我基本上採用了「案主中心療法」（Client Therapy）[7]的指導思想。據此，我不但相信嘉慧完全有能力選擇自己的人生道路，也相信她父親是一個通情達理的人。幫助嘉慧認清自我的同時，也竭力使她摒除對父親的成見，尊重他的人生智慧，肯定他的一片苦心，並積極與他溝通想法。

為了做好這兩件事，我曾與嘉慧做了多次角色扮演練習，由我分別扮演她和她父親，以示範怎麼溝通才能獲得最好的效果。這一切都是為了增強她與父母溝通的勇氣和技巧，使她終於說服父親允許她先嘗試新聞行業，再做打算。更重要的是，透過此次諮商，我使她學會了尊重、信任父親。這種積極的人生觀也促使她父親對女兒投桃報李，以誠相待。

由此，嘉慧不僅堅定了自己的職業選擇，也增進了與父親的情誼，真可謂一舉兩得。我之所以能幫助她取得圓滿的結局，是因為沒有在他們父女倆的衝突之間選擇支持任何一方。這是心理諮商為嘉慧帶來溝通的收穫，也是心理諮商給我的智慧。

▼3 我對年輕人出國留學的寄語

最後，做為一個在美國學習、生活多年，並打過許多工的人，我想說的是，討論美國是天堂還是地獄，不同的人可能有不同的理解。但對個人成長來說，美國的確是個磨練生存與適應力的場所。在美國，成功也罷，失敗也罷，並非存在著某種絕對的衡量標準。其得意與失意，知足與不知足，全看個人如何平衡其中的得失關係。

若有朝一日，你也到那裡進修、學習、生活、工作，別忘了我們的本色是吃苦耐勞、不畏艱難，只要有了這樣一份心理準備，你是不會失敗的，祝福你！

心理諮商小知識

羅傑斯創立「案主中心療法」

心理諮商的名人錄中，除了佛洛伊德，當數羅傑斯最有名了。

羅傑斯最初是學神學的，早年到過北京。後來，轉而接受精神分析的訓練，卻不滿精神分析對人性的悲觀態度，以及總是探討患者兒時記憶和活動對當前行為的影響。羅傑斯認為人的本性都是正常的、向善的，並具有無限發展潛力。他不主張將案主當作患者或病人看待，認為心理諮商的目的是讓案主完善自我，增強自信心，而不是緩解其某種心理變態的表現。因此，他創立了「案主中心療法」，並逐漸成為人本主義心理學的代言人。

❖註釋

1 Crimson，意為深紅色。哈佛大學的校徽、校旗、畢業禮袍等都採用這個顏色，哈佛學生自辦的報紙也取其名。現在哈佛的許多紀念品（如T恤衫、領帶、鋼筆等）亦用它為基色。平時，也會聽到人們用Harvard crimson來形容深紅色。*Crimson*可謂美國最老的學生校報。當年，美國前總統希歐多爾·羅斯福（Theodore Roosevelt）和佛蘭克林·羅斯福（Franklin Delano Roosevelt）在哈佛大學求學時，都曾為此報當過編輯。

2 在美國的高等教育制度中，本科生沒有法律專業，一定要等到大學畢業後才能去讀法學院，所以美國的法學院都是研究所。

3 其實在當今的美國社會中，由於各行各業的競爭加劇，並非律師和醫生就容易賺錢。嘉慧父親的話只代表了二十世紀六、七〇年代由臺灣來美留學之人的普遍想法。

4 在心理諮商中，體語的交流是心理諮商溝通和判斷的要點之一。因此，每個諮商人員都要學會察言觀色，從案主的體語中瞭解其情緒變化。

5 角色扮演（Role-playing），指在諮商中，諮商者與案主相互扮演對方及其他相關的角色，以增進彼此及與他人的理解和溝通。

6 美國前任副總統高爾（Al Gore），曾在越戰中做過戰地記者。

7 案主中心療法，由羅傑斯創立於二十世紀五〇年代。其要點如下：

A. 人都有能力發現自己的缺陷和不足，並加以改進。所以心理諮商的目的不在於操縱人的外界環境或其消極被動人格，而在於協助案主自省自悟，充分發揮其潛能，從而達到自我實現。

B. 人都有兩個自我：現實自我和理想自我。前者是個人在現實生活中獲得的自我感覺，而後者則是個人對「應當是」或「必須是」等的自我概念。兩者之間的衝突導致了人的心理失常。人在交往中獲得的肯定愈多，則其自我衝突愈少，人格發展也愈正常。

C.這一療法很強調建立具有治療作用的諮商關係，以真誠、尊重和理解為其基本條件。羅傑斯認為這種關係存在時，個人對自我的治療就會發生作用，而其行為和人格上的積極變化也會隨之出現。所以心理諮商人員應該與案主建立相互平等、相互尊重的關係，這樣亦可使案主處於主動的地位，學會獨立決策。

D.在操作技巧上，這一療法反對操縱或支配案主，主張在談話中採取不指責、不評論、不干涉的方式，鼓勵案主言盡其意，直抒己見，以創造一個充滿真誠、溫暖和信任的氣氛，使案主無憂無慮地開放自我。

四、
愛情神話的破滅

愛情是人類最崇高的情感之一，而愛情的真諦往往在痛苦的磨難中獲得。以下的諮商手記記述了愛情完美主義者是怎麼從一場愛情危機中認識到自己的不足，並接受他人的瑕疵。做為諮商者的我，也增強了對心理諮商「助人自助」的實質理解。

查理是哈佛大學三年級學生，他一臉倦容地坐在我面前，眼睛裡布滿了血絲，額頭上還有一塊烏青。他有著一張古希臘美男子的臉，身材魁梧，舉止優雅。一看就是那種家教甚好、很討女孩子歡心的男孩子。

查理一來就告訴我，他連著三天沒睡好覺，因為上星期三發現女友海倫與另一個男孩子有染，使他怒不可遏，連日來陷入極度沮喪，坐臥不寧。從未想到海倫竟會這樣背叛他，令他們五年來的愛情神話毀於一旦。他心有不甘哪！查理儘可能用和緩的語氣向我講述這幾天發生的一切。

* * *

上星期一，查理的朋友從家鄉打來電話，告訴他海倫時常與一個男孩子在一起。查理聞訊後大為吃驚，決定親自回去看個明白，悄然返家。在朋友的指點下，很快發現海倫真的與一個男孩子一起上街，動作親暱。他戴上墨鏡，開車悄悄跟蹤，發現海倫竟然到那個男孩子家裡，深夜兩點還不出來。忍無可忍之下，查理大按汽車喇叭，使得那一家人都跑了出來。

當他們大聲斥責查理怎麼可以這樣不守秩序時，他一聲不響地走到海倫面前，摘下墨鏡，上前摑了她一耳光。那個男孩子立即撲了上來，兩人扭打成一團。在海倫的哭求和那家人的強力制止下才住了手。

查理不顧海倫的極力解釋，逕自開車回家，趕乘當夜的火車返回了哈佛大學。回來之後，查理像丟了魂似的，整夜泡在酒吧喝悶酒，不與同學講話，也不接聽海倫打來的電話。一切反常現象受到宿舍輔導員[1]的關注，要他立即來尋求心理諮商的幫助。

對查理此刻的心境，我表示了極大的同感，也贏得了他的信任。我們約定每星期見面一次談論此事，直至心情恢復為止。

查理出生於美國東部某州的政治世家。家族中有四代人讀哈佛大學，三人做過美國國會議員，他父親更是美國前副總統高爾[2]的同窗好友，當時是該州的現任眾議員。出自這樣的家庭，查理平生有兩大志願，一是上哈佛大學，二是從政。

由於相貌出眾、家庭顯赫，上中學以來，查理一直是女孩子心目中的「白馬王子」。眾多仰慕者當中，查理對海倫情有獨鍾，不光因為她美貌無比，也因為她聰明絕倫。他們兩人是所有同學羨慕的對象，查理對此深感自豪，認定他們之間的愛情有如神話故事一般美好。

高中畢業後，查理如願以償上了哈佛大學，而海倫則就讀本州另一所全國知名的大學。兩人雖天各一方，但每逢假日都會設法相聚。可是今年一月，兩人的戀情爆發了一場嚴重的危機，源於去年十一月的一場盛裝舞會。

哈佛大學有個傳統，每年放寒假前，高年級學生（不包括研究生）都要舉行盛裝晚會。所有參加舞會的男士都要身著晚禮服，並競相帶領漂亮的女孩子做舞伴。而參加舞會的女士也都儘量邀請最帥氣的男孩來參加晚會。在眾多女孩中，查理選擇了就讀於波士頓大學的凱蒂做為舞伴，她長得像海倫一樣漂亮。查理喝了許多酒，加上氣氛所致，便帶著凱蒂到旅館，此後凱蒂便開始展開了愛情攻勢，令查理無以招架。查理十分後悔那天晚上的草率。

耶誕節後放寒假，查理回到家鄉與海倫團聚。海倫為查理整理衣物時，無意中發現了凱蒂寫的一封「火辣辣」情書，其中提到那天晚上的一夜情。海倫頓時怒不可遏，要查理說個明白。儘管查理一再表明那天晚上只是酒後亂性，絕無再犯，但海倫仍不能原諒他的越軌行為。

海倫上大學後，周圍亦有許多追求者，其中一位名叫亞當斯的男孩子，相貌、體魄皆與查理不相上下，一直對海倫窮追不捨，可海倫始終與他保持著距離。現在卻發現查理不忠，海倫不甘心自己為他潔身自愛，他卻在外邊拈花惹草。更重要的是，海倫愈來愈不能忍受查理的約束和干涉，而這些是與亞當斯交往中所沒有的。海倫開始與亞當斯正式約會，並很快陷入熱戀。這一切發展由朋友傳到查理的耳朵裡，於是演出了那一場「夜闖亞公館」的鬧劇。

完美主義與自我中心

面對查理的愛情挫折，我該怎樣幫助他呢？

我與督導進行了詳盡的討論。聽了查理與我的大部分對話錄音後，督導指出查理的思想方法有兩種明顯的傾向：一是完美主義[3]的傾向，二是自我中心[4]的傾向。督導要我格外注意查理談話中這兩方面的表現，並由此入手幫助他接受當前的事實，不再一味迴避。督導也要我儘量避免正面回答他的提問，而是多鼓勵其獨立思考。

查理的完美主義傾向主要表現為凡事都想爭第一，不能容忍自己或他人做的事情出現差錯。愛情上，一直堅信他與海倫的愛情是上帝的傑作、是完美無缺的；過去五年中，查理一直為他與海倫在相貌、智力、身材、興趣乃至家庭背景等方面的匹配而自我陶醉，所以不能接受海倫的不忠行為，認定只有分手才能解脫當前的精神痛苦。

海倫雖然為傷害了查理的心而感到抱歉，卻不反對分手，更令查理感到十分氣惱。他很清楚不會再找到像海倫這樣令他心儀的女孩子了，況且他們已有五年的感情基礎。查理真是欲罷不可，欲恕不能，內心痛苦極了。

查理還有很強的家庭觀念。他一直視父母的婚姻為世人的楷模，夢想自己的婚姻也會像父母那樣牢固不破、完美無缺，以不辱家風；對將投身政界的人來說，這是十分重要的政治資本。而他與海倫尚未結婚就發生這樣的醜聞，怎會不痛心疾首？查理說他一閉上眼就會想像海倫與亞當斯在一起的情景，想到亞當斯一臉的獰笑，想到那天晚上在門外等待的情景……

這些念頭使他瘋狂到在街上碰見任何男人都想過去揍他一拳。談話中，查理一再比喻他與海倫的戀情是大衛[5]與維納斯[6]。海倫背叛他就好像維納斯的臉被人劃了幾刀那麼令人惋惜。

查理的自我中心傾向表現為不善從他人（特別是海倫）的角度來看待發生的一切。他把別人的過錯看得很重，卻對自己的過錯看得很輕；可以輕易地原諒自己，卻不能輕易地原諒別人。講到自己受騙時，情緒十分激動；但講到海倫發現他與凱蒂來往時，卻心平氣和，甚至一再為自己的粗心而辯解。在查理心目中，如果海倫沒發現那封情書，他們的關係將一切如舊，絕不會有今天的悲劇發生；但他未設想如果沒有與凱蒂的一夜風流，海倫也不會背叛他。查理把海倫的不忠看得遠遠重於自己的不忠。

查理思想中的完美主義傾向和自我中心傾向，使他看問題走向極端、鑽牛角尖、為自己的行為辯護、挑別人的毛病。在查理的談話中，我隱隱感到他與海倫的愛情並不像他講的那樣天造地設，而其父母的婚姻也不盡如他描述的那般完美無缺。

與督導談了我的想法，我們一致認為這場感情危機表面上是海倫的問題，本質上卻是兩人的相處出了問題。要幫助查理從此次精神打擊中振作起來、成熟起來，就必須從改變這兩種思想傾向入手，否則他的目光永遠對準他人，而不能對準自己。這個毛病不改，遲早還會有類似遭遇。

此外，督導提醒我，查理用大衛和維納斯的結合來比喻他們的戀情，是很有探討價值的，因為大衛是個完人，而維納斯則雙臂殘缺，這裡面大有文章可尋。

原來我們早就有問題了

拿定主意後，我一方面儘量對查理的懊惱心境表示理解，另一方面請他多講述與海倫的戀愛過程。我要求查理回憶他們之間曾出現什麼衝突，怎麼解決，過後感覺如何。一開始查理對此表示不解，我說想深入瞭解海倫為什麼會突然背叛，不相信她會因為你一次失誤而如此絕情。我這麼做的真實目的是想透過這些討論來打破他心目中的完美主義傾向。

查理竭力回憶了五年之中曾發生過什麼爭吵、鬧過什麼彆扭，結果愈說情緒愈高昂，愈說問題愈多。他回想起來，海倫對他的大男人主義早有不滿，海倫自從和他交往之後就不再與其他異性朋友有較深的往來，甚至有次因查理辱罵了她的前男友而傷心了好幾天。她告訴他早晚有一天會棄他而去，只不過當時他沒把這句話放在心上。

我問查理：「你覺得海倫的潛意識裡是不是一直在等待一個時機與你分手呢？」

查理怔了半晌，回答說：「我說不清，不過現在看來，海倫確實對我早有不滿了。」

「能指出海倫到底不滿意你什麼地方嗎？」

查理沉吟了一下說：「大概是不夠尊重她的意願吧。」

我再問他具體表現在什麼地方，他又講了一些要求海倫服從他的意願的事情。

我又問查理：「如果你是海倫，你會怎麼想？」

「我會與他分手。」查理脫口而出。

「那麼現在，你怎樣看待海倫背叛的事實呢？」

查理不再像以前那麼容易激動了。

我又與查理談論他與凱蒂的交往及那一夜風流。一開始，他甚為不滿，質疑我為什麼揪住他的過錯不放，為什麼不談論海倫的問題，為什麼不直接回答他一再提出要不要與海倫分手的問題。

我回答說：「我希望這些討論能幫助你增強對自我的認識，以便更好地應付當前的危機。如果我完全按照你的要求和思路去探討問題，就很難發現你與海倫感情危機產生的真實原因了。」

其實我這麼做，還是為了挑戰他的自我中心傾向，但為了使他感到公平，我答應另找時間討論海倫的問題。

查理說雖然喜歡凱蒂的美貌，但覺得她在智力上根本無法與海倫相比，所以從未把她放在心上。我接著問他是否也有喜歡凱蒂的地方？

查理想了想說：「凱蒂長得有些像海倫，看見她就會想起海倫，就想跟她上床。」

「你想跟凱蒂上床，難道就感覺不到海倫的存在嗎？」

「當然會感覺到海倫的存在。」

「那你為什麼會做出背叛她的事情，有沒有想過海倫發現會有什麼反應？」

「我當時只想放縱一下自己。」

「你想放縱自己，是不是說明在某些方面已厭倦了海倫，而在凱蒂身上獲得了滿足？」

查理對我的提問甚感興趣，說他的確喜歡凱蒂的溫順，這是他與海倫的相處中很少感受到的。

「這樣看來，你與凱蒂上床其實並非偶然？」

「我仍然覺得這是不該發生的，」查理沉默了片刻後，「我內心深處還是愛海倫的。但前幾次與海倫見面時，她對我不再像以前那麼熱情了，連在一起也不如以前那麼投入了。我心中不知怎的有一種報復心理，也許正是這種念頭促使我有了那一夜風流。」

「那麼，你與海倫之間的相互背叛也並非偶然的？」

查理先點點頭，接著又搖搖頭，歎口氣說：「原來我們早就有問題了。」

維納斯的斷臂

幾番交談後，查理已經能夠反省自我了。於是，我向他提出另一個重要的問題：「查理，你將自己與海倫的愛情比作大衛與維納斯的結合，其中大衛是個完人，而維納斯卻雙臂殘缺，你覺得這種比喻純屬偶然的巧合，還是有某種潛意識的作用？」

「嗯，這真是一個心理學家提出的問題！」沉思了一會兒，他說：「真的，我怎麼從未想過我的比喻居然會存在這樣明顯的問題。」

「什麼問題？」

「我把自己比作大衛，是因為大衛是完美無缺的，這正是我所追求的；而將海倫比作維納斯則似乎不符合我的思維方式。」

「怎麼不符合？」

查理說：「因為按照我的標準，應該希望我的戀人像大衛那樣四肢健全才對，而維納斯則雙臂全無。這是不是說明我在潛意識中……」

「你的解釋很有意思，你指潛意識中的什麼？」

「我想，我是不是在潛意識中總認為自己的所做所為都是正確無誤的，而海倫的所做所為則未必盡然。」

「所以呢？」

「所以，我不能意識到自己身上的許多問題，而對海倫過於苛求……」

「例如說？」

「例如，我一直覺得自己在此次事件中是無辜的，現在看來，海倫也確實有不少委屈……」

這是我等候已久的答覆！查理終於看到了性格中自我中心的一面，這對於他轉變對整個事件的認識至關重要。

我與查理深入探討了維納斯之殘臂對他們戀情的象徵意義，使查理進一步認識到：因為他把海倫看得比較低，自己置身於兩者關係的主導位置上，故而對她不夠尊重；他與海倫是認定範圍內的匹配，所以無法理解她不是完全滿意他們之間的匹配。例如海倫很不滿意他的大男人主義，但他以自我為中心，不認為自己有什麼缺點，也看不到在感情危機中的責任，而把責任都推到海倫身上，認為她就像維納斯那樣天生不完美……

查理總結說：「我知道我這個人的自我意念很強。而現在，需要重新認識自我。」

我深深地點點頭。接下來，我與查理討論了另一個更具心理學象徵意義的問題——維納斯塑像之美即在於她的殘缺不全，這對於人之愛情又有什麼啟發？查理剛開始不明白我的意思，要我加以說明。我們在欣賞維納斯這件藝術品時，很大程度上也欣賞其殘缺不全的一面，那麼人之愛情當中，是否也存有這種「殘缺美」的意識呢？

查理說：「從藝術欣賞角度來講，理應如此。」

「理在何處呢？」

「她會提供各種藝術遐想的空間，也給你追求完美的機會。」

「這就對啦！」我接過話說，「維納斯正因為斷臂，才激發了人們追求完美的遐想！愛情也可以因為失誤和寬恕而昇華人的情感，而寬恕不就是一種『殘缺美』嗎？」

「你是說我現在到了該給維納斯補斷臂的時候？」

「你說呢？」

查理拍了下大腿。

寬恕在愛情和婚姻中的重要性

與查理的談話中，他曾反覆問我是否該與海倫分手？是否應與凱蒂交往？是否應原諒海倫？這些問題我都未予直接回答，而是請他更進一步講明自己的想法。我們之間經常出現類似下面的對話：

「曉東，我是不是應該與海倫分手呢？」

「你覺得呢？」我反問，意在促使他獨立思考。

「我真想與她一刀兩斷……但不知道以後會不會再找到像她那樣與我匹配的人。」

「所以你還是下不了決心？」意在促使他反省。

「唉，要是沒發生這一切該多好！」

「我很理解你內心的苦楚，但已經發生的事情是不可挽回的。」意在促使他面對現實。

「真不明白海倫為什麼會背叛我。如果你是我的話，會怎麼處理這件事情呢？」查理雙眼直直地望著我。

「我當然會感到難過，但我們有不同的性格和成長經歷，我的決策未必對你有幫助。」我也直視著他，意在促使他不要依賴他人。

「你的意思是不是說我該忍了這口氣，與海倫和好？」

「我畢竟不是你，不能替你決定這樣好、還是那樣好。讓我們接著討論一下這樣做有什麼利弊得失吧。」這樣回答意在促使他多思考。

經過無數回合的「較量」，查理逐漸瞭解他與海倫早有隔閡，此事絕非偶然；也終於認識到自己性格的完美主義與自我中心傾向，他不再把與海倫的愛情看作上帝的傑作，也開始正視他們之間其實存在許多不合與矛盾，並願意接受彼此的不足了。當他與母親談論此事，她說到他們夫妻間也有許多矛盾，當年幾乎要離婚，但為了孩子，也為了共同的信仰[7]，最終沒有那樣做。查理大為震驚，但瞭解到父母的婚姻也不盡完美，使他更體認到寬恕在愛情和婚姻中的重要性。

有了這些思想轉變，查理主動與海倫聯繫，接受了她的解釋，並首次承認了自己以前的過錯，包括那天在亞當斯家的粗暴舉動。海倫萬萬沒料到查理會主動認錯，她在電話中哭訴道：「這一段時間以來，我一直為刺傷了你的心而難過。我斷絕了與亞當斯的來往，也準備接受我們分手的事實。我想了很多，不應該以自己的不忠來報復你……」

海倫似乎重新體驗了初戀的美好感覺，迫不及待地想要查理回到身邊，或答應讓她到哈佛大學去見他。

查理決定再回家鄉一趟。兩人見面，抱頭痛哭了一場，說出了憋在心頭已久的話。最後發誓要好好珍惜彼此的感情，不再做出任何傷害對方感情的事。為了鞏固他們之間的愛情，也為了擺脫亞當斯的糾纏，海倫決定轉學到波士頓的一所大學，以便和查理經常見面。

查理也建議海倫儘快找心理諮商人員談一談這段感情衝突，以更好地面對這次的挫折，海倫十分樂意地接受了建議。查理與海倫的和解使兩家人大受感動，他們為兩個孩子的決定提供各種方便的安排。查理父親甚至打了電話給波士頓的哈佛校友，請他協助此事。

安慰語言是人類最古老的療方

看著查理與海倫和解，我心中有說不出的喜悅和欣慰。

為查理諮商中，我自始至終沒有提過直接勸告，也沒有做過邏輯分析，他的轉變都是在啟發下自行體悟出來的。我以不斷提問和反問來回答他的無數提問，促使他獨立思考決策。這使我更加感受到心理諮商「助人自助」之涵義所在。

最後一次見面，查理送了一張精美的致謝卡和一支派克金筆給我做紀念，感謝我陪他度過了這段艱難時光。他真摯地說：「曉東，你不知道那些提問和談話對我來說是多麼重要，我把它們全記在日記本上，你將永遠成為我在哈佛大學生活的一部分。」

「查理，再沒有比你透過此事變得成熟、富於反省精神這件事更令我高興的！我相信你日後遇到類似的挫折，將會變得更堅強、更有智慧。」

臨別時，查理提出要帶海倫來見我。我想了想回答：「你來見我沒問題，因我們已有充分的瞭解；但海倫來見我可能會感到不自在，因為她不瞭解我，又知道我是你的諮商員，這種場合下見面，她該說什麼呢？還是以後有什麼機會再說吧。」查理同意了我的意見。

一次偶然的機會，我看到查理與一個漂亮的女孩子並肩在哈佛庭院[8]裡散步，我想那一定是海倫了。她的一頭秀髮正如查理描述的一樣，但正由於那一頭秀髮，我沒能看清她的容顏。這樣也好，就讓我與海倫之間永遠都是個謎吧！這不也是人際交往中的一種「殘缺美」嗎？

望著他倆遠去的身影，我心想心理諮商真是太奇妙了！它可以在交流之中徹底改變一個人的認知、情緒和行為方式。想起了西方先哲說過的話：「安慰語言的巧妙實施是人類最古老的療方，。」

我想起了督導總結這個個案時說的一句話：「曉東，你現在感覺像個心理學家了吧？」

我想起了當初那位老教授講的那種「登天的感覺」……我想起了佛洛伊德、榮格、阿德勒、羅傑斯……

我想有朝一日，一定要把這段經歷寫出來，讓世人一同分享我幫助查理成長的喜悅與感悟。

【個案分析】

▼1 心理諮商「助人自助」——不做案主的拐杖

與查理的交談中，我刻意迴避直接答覆他的提問，意在促使他獨立思考，而不依賴他人的指點。查理是完全有這份能力的，不斷提問不過是想讓我肯定他的某些想法罷了。換句話說，他在尋求某種權威人士的肯定，猶如等候上帝的旨意。如果我直接了當地告訴他該做什麼或不該做什麼，無形中就成了他心目中的上帝。

阿爾弗雷德．阿德勒

（Alfred Adler，一八七〇～一九三七），著名的奧地利心理學家和醫學家。個體心理學的創始人，人本主義心理學先驅，現代自我心理學之父。佛洛伊德的學生之一，但也是精神分析學派內部第一個反對佛洛伊德心理學體系的心理學家。他曾提出心理學中「自卑情結」的概念。

這不是我想做的事情，也是我做不到的事情。做為心理諮商人員，我的作用不是主宰他人的命運，而是推動他人去主宰自己的命運。我不給查理提任何勸告，就是為了不讓他依賴我。查理想讓我替他決策是迴避責任的表現，但我要幫助他積極地面對現實，獨立決策。這即是心理諮商「助人自助」的用意所在。

▼2 查理自我中心的根源——不合理信念的枷鎖

為查理諮商時，我基本上採取了「理性情緒療法」（Rational-Emotive Therapy）[10]的策略。該療法旨在幫助案主除去思想中非理性信念及自我挫敗感，建立積極向上的人生觀。該療法認為人的非理性信念主要有三個特徵，即對他人要求「絕對化」、對生活事件「過分概括」及對生活挫折「反應過分強烈」。

就查理而言，他的非理性信念在於把自己與海倫的愛情看得太神化了。具體地說，可以原諒自己的錯誤，而不能接受海倫背叛的事實，因為他把自己看得太高、太完美了，無法反省自己在此次愛情危機的過失；因為他把自己的過錯看得太輕，卻把海倫的過錯看得過重。他不能理解海倫內心的痛苦，因為習慣了海倫敬佩、順從他，而不習慣被指責、違逆。

查理需要從自我的神壇上走下來，學會容忍他人的不足，並不再苛求自己。可悲的是，查理忍受痛苦的煎熬，又不甘心告別痛苦，即是自我中心的根源所在。

▼3 心理諮商使查理有哪些成長——自我覺察的凱歌

查理經過此番挫折後成熟許多，也對愛情的涵義有了深刻理解。他的愛情危機表面上是海倫的問題，本質上也包括他的問題，我卻不能直接了當地告訴他，即便說了，他也一定不會接受。

反之，我透過不斷地探討，將他的注意力從海倫轉移到自己身上，並以對維納斯斷臂殘缺象徵意義的探討為突破口，幫助他擺脫了思想中的完美主義和自我中心的束縛，完成了認知上的重大進步。由此，查理開始勇於承認自己的不足，也樂於接納他人的不足，使他慢慢克服與海倫關係中的大男人主義。

透過這次諮商，查理戰勝的不僅是愛情觀念的狹隘和偏見，也有其人格的狹隘和偏見；他寬恕的不只是海倫一人，還有其他令他挑剔不滿的人。凡此種種，都是此次心理諮商為他帶來的成長。

▼4 轉動愛情三角形——解讀愛情的大腦機制

著名心理學家斯滕伯格（Robert J. Sternberg）透過長期研究，描繪了愛情三角形的理論，提出愛情三角形的三條邊分別象徵著激情、親密及承諾。

激情是愛情的性欲成分，是情緒上的著迷；親密指在愛情關係中能夠引起的溫暖體驗，以及彼此的認同與接納，是靈魂上的相依；承諾指維持關係的期許或擔保，是對永恆的嚮往。

愛情的三角形中，三條邊長並非恆久不變，在愛情與婚姻的不同時期會有不同的變化。前面兩年裡，象徵激情的邊往往顯得較長，讓很多人流連忘返在激情之中而不在意周遭的種種，即俗語所說的「情人眼裡出西施」。

查理和海倫長達五年的交往中，已進入構建親密和承諾的階段。但從他的敘述看來，他們的愛情仍是激情未減，完美無缺。而他的一夜情則潛在突顯了對海倫的激情已逐漸回歸一種常態，他的完美主義和自我中心讓他對種種矛盾和問題採取迴避，甚至是否認的防禦機制。

我幾次引發他思考與海倫交往過程存在的問題時，他才猛然察覺而開始反思。最終，體悟到寬容與接納彼此的不足，以及用心維護關係的重要性。

腦科學也以實證態度證明了愛情以及婚姻過程當中，大腦掌管情感的部分可以測量的變化[11]。同樣給我們啟發：愛情不僅是衝動，更需要用心經營。

【諮商話外音】

▼1 心理諮商之「虛功」所追求的意境是什麼？

心理諮商不但是人際溝通的技巧，也是語言交流的藝術。其可貴在於可以推動案主積極地認識自我、反省自我，進而提高自信心與生活智慧；其難為就在於這種案主對自我的深刻反省與認識應該是自發而成，而不是由諮商者說教而致；其巧妙則在於諮商者不斷啟發案主說出想讓他說出的話；其高明在於案主不但能獨立克服當前面臨的困難，也能從中增長人生的智慧。

從這些意義上講，做心理諮商猶如打太極拳，十分強調動作中虛與實的結合。人們通常以為心理諮商是向案主說教，指點迷津，使他猛然覺醒。其實，這不過是朋友間一般諮商的「實功」表現，並非心理諮商之真功夫所在。

心理諮商強調的是「虛功」，講究以虛擊實，推動案主不避責任，學會獨立思考與決策，而不會在每次昏頭昏腦時，都指望有人給他當頭一棒。

「人為什麼不能給自己當頭一棒呢？」心理諮商人員總是在問，這正是心理諮商的「虛功」所追求的意境。

▼2 心理諮商與心理治療、一般的生活諮商有什麼不同？

心理諮商和心理治療之間既有共性又有許多差異，兩者最大的共同點在於各種技術與方法都源於共同的心理學基本理論，如精神動力流派、人本主義思潮以及認知行為理念等。在具體的實踐過程中，心理諮商基本上是平等的諮商關係，以幫助案主獨立思考和決策為首要目標；心理治療則更多地體現在醫患關係上，以治癒病人的心理障礙或病態行為表現為首要目標。所以，心理諮商更強調諮商者對案主的尊重和理解，以及彼此的積極互動。

此外，這種正規的、面對面的心理諮商和一般生活中的通信或電話諮商也有著本質的不同。前者需要時間去建立案主與諮商者之間的信任及互動關係，而後者則可以旗幟鮮明地表明自己對案主問題的立場與觀點。

但心理諮商、心理治療和生活諮商這三者有一點是相通的，就是要儘量尊重對方、理解對方。

心理諮商小知識

心理諮商與治療如何分類？

心理諮商與治療行業中有著眾多流派，其中最常見的有「精神分析療法」、「心理動力學療法」、「案主中心療法」、「現實療法」、「行為療法」、「交互療法」、「格式塔療法」及「理性情緒療法」等。據美國心理諮商協會的統計，已記錄在冊的心理諮商與治療的方法有三百種之多，而且還不斷增加。

美國心理學家朗敦（Perry Landon）認為這些療法大抵分為兩大類。一類是「認知領悟」（insights）療法，包括意識層面和無意識層面的修通，旨在透過改變提高人的認知方式來緩解心理困惑和障礙。另一類是「行為矯正」（behavioral modification）療法，旨在以建立新的條件反射來矯正人的不良行為。在具體實踐中，常兩者兼用，互為補充。

❖註釋

1 在哈佛大學的學生宿舍都住著一些教師和研究生，幫助學生管理自己。在美國的大學中，只有哈佛大學和耶魯大學有這樣的宿舍輔導員制度。我在哈佛大學讀書時，就曾被聘為其中一座學生宿舍樓的非住宿輔導員（non-resident tutor）。

2 美國前副總統高爾，二十世紀六〇年代曾就讀哈佛大學。

3 完美主義（perfectionism），指人對於自己周圍的人和事物提出過高過嚴、不切實際的要求和期望的行為表現。

4 自我中心（egocentrism），指人凡事以個人利益為中心，不善考慮他人的利益和需要的行為表現。

5 大衛（David），義大利文藝復興時期的雕像，由著名雕刻家、藝術家、建築家米開朗基羅（Michelangelo Buonarroti）雕塑。大衛被稱為世界第一美男子。

6 維納斯（Venus），古希臘神話中的愛神，因其雕像斷去雙臂而聞名於世。

7 查理的父母都是虔誠的天主教徒，而天主教主張婚姻應當從一而終。

8 哈佛庭院（Harvard Yard），哈佛大學最早的校園，每年一度的畢業典禮都在這裡舉行。哈佛大學並沒有一個整體的校園，除了哈佛庭院有圍牆外，其餘各學院（如法學院、醫學院、商學院、教育學院、政府學院、神學院等）均與民宅、店鋪相鄰。

9 其英文為：Words of comfort, when skillfully administered, are the oldest therapy known to man.

10 理性情緒療法，由美國心理諮商專家艾利斯（Albert Ellis）創立於二十世紀五〇年代，其要點如下：

A.人既是理性的，又是非理性的。人的精神煩惱和情緒困擾大多來自其思維中不合理、不符合邏輯的信念。它使人逃避現實、自怨自艾，不敢面對現實中的挑戰。當人們長期堅持某些不合理的信念時，便會導致不良的情緒體驗；而當人們接受理性與合理的信念時，其焦慮與其他不良情緒就會得到緩解。

B.人的不合理信念主要有三個特徵：

a.絕對化要求，即對人或事都有絕對化的期望與要求。

b.過分概括，即對一件小事做出誇張、以偏概全的反應。

c.糟糕透頂，即對一些挫折與困難做出強烈的反應，並產生嚴重的不良情緒體驗。

凡此種種，都易使人對挫折與精神困擾做出自暴自棄、自怨自艾的反應。

C.ABC理論：在誘發事件A（Activating event），個人對此所形成的信念B（Belief）和個人對誘發事件所產生的情緒與行為後果C（Consequence）這三者關係中，A對C只起間接作用，而B對C則起直接作用。換言之，一個人情緒困擾的後果C，並非由事件起因A造成，而是由人對事件A的信念B造成的。所以，B對於個人的思想行為方法起決定性的作用。

D.理性情緒療法的目的在於說明案主認清其思想中的不合理信念，建立合乎邏輯、理性的信念，以減少個人的自我挫敗感，對自己和他人都不再苛求，學會容忍自我與他人。

11 腦科學以及心理學研究發現浪漫、轟轟烈烈的此類愛情是一種人類本能。有關愛的行為都是源於多種吸引力（魅力及主要組織相容性複合體等）啟動角回的區域之間的相關性（R＝0.496，P＝0.002）與愛的激情。

五、對考試作弊的思索

對生活環境進行控制的努力幾乎滲透於人的所有行為之中，愈能對生活中有關事件施加影響，就愈能將自己按照喜愛的那樣進行塑造。相反，不能對事件施加影響會對生活造成不利的影響，將滋生憂懼、冷漠和絕望。

——班杜拉

對於做事不誠實的人，怎樣說明才能讓他從錯誤中吸取教訓卻不被挫折擊垮，這是心理諮商人員時常面臨的挑戰。

明軒是來自中國的留學生，正在哈佛大學念二年級。他因期末考試作弊而被系主任派來見我，並等待校方紀律委員會的處分決定。他在期中考試時用鉛筆答卷，成績下來後，用橡皮擦去試卷中一些錯誤的答案，填上正確的答案，然後找任課老師要求改分。老師看著試卷的錯誤判分感到很奇怪，卻說不出什麼，只好將成績改了過來。

期末考試後，老師將明軒的試卷複印了一份存底。明軒拿到試卷後故技重施，再去要求改分。老師將他的試卷留下，答應再與他聯繫，隨後立即去見系主任，講明這一切。系主任與任課老師一同約見了明軒，拿出兩份試卷要求說明，他不得不紅著臉承認自己在兩次考試都騙了分。系裡將明軒的騙分事件上報到學生紀律委員會，等候處分決定，同時也要求他來我們這裡接受諮商，以便檢討自己的錯誤，應付當前的危機。

從沉默到願意開口

明軒第一次來見我，十分被動，呆坐在沙發上，低著頭什麼話都不說，似乎是在挨時間，我們之間的對話進行得十分艱難。

「明軒，你想告訴我些什麼嗎？」

他默不作聲，右腿不住地抖動[1]。

「明軒，你心裡一定十分不好受，可以跟我講一講嗎？」

他的嘴角動了動，還是沉默。

「明軒，這兩天吃飯、睡覺好嗎？」

他點點頭，眼睛呆望著窗外，下意識地抽著鼻子，右腿停止了抖動，又沉默了一陣子，忽然抬頭問我：「我可以走了嗎？」

「我當然不能勉強你留在這裡，但我們什麼都沒談，怎麼能幫助你更好地認識並應付當前這場危機？」我心裡很高興他總算開了金口。

「我不需要任何人的幫助。」明軒回答得乾脆，並做出起身要走的樣子。

見此，我緩緩地說：「明軒，我不把自己看作神仙，可以解決人的所有問題。但老實說，你現在正面臨人生中的重大挫折，需要有個可以理解的人來陪你走過這段痛苦的歷程。」頓了一下，我又說：「系主任也打了電話給我，要我將會面結果告訴他，你說我該如何答覆呢？」

明軒聽了這段話，身體重重地靠進沙發裡，雙手抱著頭，眼睛盯著地毯，半天吭出一句：「我恨我自己，我實在是太愚蠢了。」右腿又開始抖動起來。

我靠近他，拍了拍他的肩頭，輕聲說：「人都是在錯誤中成長，在挫折中變得聰明。上大學時，我有個好友在一次考試中答一道題目時自覺沒信心，就偷瞄了一眼鄰座同學的試卷。那次考試他的成績很好，可是同學卻到處講我的好友是偷看他的試卷才考得好。好友當時感到很羞辱……」

明軒突然抬起頭，打斷我的話：「他那次經歷算得上什麼？不過是被同學議論幾句罷了。你知道我現在面臨的壓力是什麼嗎？是被哈佛開除的壓力啊！」說罷，他連連搖頭，愁眉緊鎖，看得出在忍受悔恨的煎熬。

「明軒，我很理解你此刻的難受心情，希望你能儘量講出來，或許我們可以想出什麼辦法。」

明軒呆望著我，問道：「到這地步了，我們還能做什麼呢？」

「請你先將事情經過告訴我，好嗎？」雖然已從系主任那裡得知了一切，然而為了客觀地瞭解事件的經過，仍需要聽當事人的親自敘述。他深深地吸了口氣，講述了整個事件的經過，以及他向任課教師和系主任所做出的保證。我問他從此次事件中學到了什麼，吸取了什麼教訓，以後怎麼改進。

「教訓多了，」明軒總結說：「第一條就是做人要誠實、堂堂正正，這就像華盛頓總統（George Washington）說過的一句話：『誠實是最好的策略。』[2]第二條就是不可抱持任何僥倖心理，這就像林肯總統（Abraham Lincoln）說過的另一句話：『你可能在所有時候愚弄某些人，也可能在某些時候愚弄所有人，但不可能在所有時候愚弄所有人。』第三條就是不要把別人都當成傻子，那樣的人才是真正的傻子。小便宜可以占得了一時，卻占不了長久……」他一口氣說出了五條教訓。

看來他對自己的行為已經做了認真深刻的反思，反思也是系統且由衷的。除了繼續幫助他更深刻地認識問題背後的各種因素，還要幫助他避免接受最嚴厲的紀律處分。

做為諮商者，我參加學生紀律委員會關於處理明軒問題的討論。當然，我沒有告訴明軒這一切，約他兩個星期後再來見我，那時學校的處分結果已經下來了，我們可一起討論下一步要做的事情。

處分學生的角力

過了兩天，我參加學生紀律委員會有關學生違紀的例會，與會者有該委員會主任、學生管理處負責人、明軒的系主任以及其他教授代表。討論到明軒的個案時，系主任首先發言，他簡述了事情經過，並強調這麼高明的作弊手法，還是第一次見識，所以主張按照校規將明軒從哈佛大學除名。他還開玩笑說：「人們都說中國人很聰明，看來中國人的聰明真是五花八門。」

接著，學生管理處的人也認為此次騙分是十分嚴重的，必須嚴加處理；所以，他贊同系主任的建議，將明軒從哈佛大學除名。他特別提到當初愛德華．甘迺迪（Edward Kennedy）[3]就讀哈佛大學時，曾請人代替參加西班牙文考試，被查了出來，兩個人均被哈佛大學除名。儘管老甘迺迪（Joseph P. Kennedy, Sr.）曾派人來求情，卻未動搖哈佛大學的決定……最後，他強調說：「哈佛就是哈佛，不會為任何人提供特殊照顧。」接著幾個人的發言都表示贊同他們兩人的意見。

輪到我發言時，首先指出系主任的玩笑「中國人的聰明真是五花八門」這句話是不妥的，在哈佛大學考試作弊的人各國學生都有，怎麼可以因為一個中國留學生考試作弊就取笑所有中國人，這樣是不公平的。系主任面露尷尬之色，連忙解釋他不是那個意思，希望我不要見怪。

我又說：「我同意委員會成員所講，明軒的作弊行為嚴重違反了校規，但鑑於他在諮商中表現出深刻的悔意，我不同意就此將他從哈佛大學除名，那樣過分嚴厲，所以請求委員會給他一個改過自新的機會。」

系主任聽了我的發言，一改剛才謙恭的樣子，不客氣地說：「先生，我想提醒你，哈佛大學每年都會因各種緣故開除一些學生，單我們系上去年就有兩個學生被開除，其中之一也是因考試作弊。她是個外國留學生，還是個女孩子，結果一樣哭哭啼啼地離開哈佛了。你不能因為自己是中國人就為同胞辯護，要求得到特殊照顧，那樣做是不公平的。」說完得意地坐下來，他的話立即得到了幾位與會者的回應。

面對他咄咄逼人的攻勢，我不疾不徐地回答：「系主任，我很理解您想維護哈佛大學校規的用心，也相信您是個很公正的人。但我想提醒您，我們考慮怎樣處分一個學生時，不僅要考慮他犯錯的性質，還要考慮他對所犯錯誤的認識及改正的決心。明軒在諮商中，對自己的錯誤行徑做了深刻的檢討，並表示要痛改前非。我認為在這種情況下，不應該將他掃地出門。畢竟處分學生的根本目的是使他從錯誤中吸取教訓，振作起來，而不是讓他沒有機會改正錯誤，永遠生活在陰影當中。這與他是不是中國人毫無關係，如果是美國學生來找我諮商，也能深刻反省自己所犯的錯誤，我照樣會替他爭辯的。」

「不，這是不可以的，」系主任連忙說：「哈佛大學的校規不能製造例外，那豈不是對以前受此處分的人不公平嗎？」

「規定都是人制定的，」我回敬道：「我們現在生活在二十世紀九〇年代，學校管理的趨勢是人性化、個體化，要對學生的本性表現出更多尊重與信任，而不是更多蔑視與不信任，不然，要我們這些心理諮商人員做什麼？」

「當初老甘迺迪替兒子求情時，蒲賽校長（Nathan M. Pusey）為了維護哈佛的尊嚴不惜得罪他，怎麼能因為你幾句花言巧語就改變這條校規呢？」系主任仍心有不甘地爭辯道。

「時代變了，」我接著說：「如果愛德華的事情發生在今天，如果他有十分深刻的省悟，我一定會力請哈佛大學收回成命，因為處分學生不是目的，而是手段；使學生接受教訓並成長才是目的。況且，明軒並沒有在考試中作弊，而是在批卷後騙分。」

「明軒是沒有在考試中作弊，但他後來的舉動構成了作弊行為，與在考試中作弊是一樣性質的，所以應該受到必要的處罰。」系主任又說。

「我完全贊成明軒應為他的欺騙行為而受到學校的必要處分，但不認為將他從哈佛除名就是最好的處分方式，這無利於他的個人成長。」

「不行，哈佛大學由來已久的規定不能就這樣破除了。」

「天下沒有一成不變的規定。」

面對我們之間的激辯，學生紀律委員會主任決定暫停明軒個案的討論，並要求我與系主任將各自的觀點以書面形式呈交給他，由他與負責學生事務的副校長磋商，做出最後決定。我當天下午就將書面報告寫好，交給了他的祕書。

一星期後，我接到了學生紀律委員會主任的回信。他說校方約見了明軒之後，決定讓他休學一年，不做開除處分，信中還肯定了我勇於堅持見解的作法。

讀完那封信，我長長地舒了口氣。

人可以被擊倒，但不可以被擊垮

又過了一星期，明軒來見我。

此時他已經接到學生紀律委員會的處分通知，萬分慶幸沒有被哈佛大學除名，並表示將在這一年回國，多走些地方，多體驗些生活。

我問為什麼這樣打算，他說此前基本上是一帆風順的，沒經歷過什麼大風大浪。這次考試作弊被處分，讓他一直反省自己做人的準則，學習雖然很出色，但做人還不夠成熟，而且太缺乏生活閱歷了。他要回國好好遊歷一番，多增長見識，多開闊眼界，成為思想深刻、有良好價值觀的人……

聽明軒興奮地談論計畫，就像他主動要求休學一年似的。我感到他在思考、在成長，相信這次事件會使他因禍得福，成為意志更加堅強的人。為此，我送了他兩句話，一是中國古人講的：「智者善因禍而為福。」另一句是海明威（Earnest Miller Hemingway）講過的：「一個人可以被擊倒，但不可以被擊垮。」[4]明軒認真地將這兩句話抄在記事本上，說回學校之後一定再來找我，說明這一年的收穫和體會。

明軒說：「你是個很善解人意的人。我們的談話中，你從來沒有因為這件事教訓我，也沒有勸諭我一句，總是不斷地向我提問，知道我什麼時候想說話，什麼時候不想說話，你真能理解我的心。我來找你真是找對了。」

「我也很感謝你這樣肯定我。」

臨出門時，他使勁地握著我的手說：「我會永遠記著你的，你在我最困難的時候，拉了我一把。」

望著他走遠的背影，我心想，我從此次諮商過程中得到的收穫不比他少。

【個案分析】

▼1 如何使案主轉變態度——擦除標籤的溝通藝術

從這次事件中，我深刻瞭解到犯錯的學生多麼需要有人關心、理解，並在此基礎上啟發他們；此時此刻，雪中送炭會令他們終生難忘。當然，理解他們的心思並不是去支援他們的錯誤行徑，而是要幫助他們從挫折中振奮起來，做個意志堅強的人。

我堅信每個人都具有自我向善的能力，關鍵是怎麼給他們深刻認識錯誤與改過自新的機會。透過此次諮商經歷，我深刻感到做為心理諮商人員，不需要教訓學生去認識所犯錯誤的性質，這樣的效果可能只是消極被動的。相反，啟發學生主動去談對這一切的認識，才有可能更加調動學生的積極性。

明軒之所以有積極的轉變，很大程度是因為我尊重了他、信任了他，在最感到自卑的時候給他精神上的安慰；由此，他不但說出我想讓他說的話，還感謝我能真正理解他。我這種積極的人生觀和後現代平等互動的交流模式是使他轉變態度的關鍵。

▼2 如何促進案主的思想昇華——接納提升自我效能

我與明軒只見了兩次面，由於他對自己的錯誤有比較深刻的認識，所以我幾乎沒有為他做什麼具體的諮商，我發揮的作用主要是提示他昇華對錯誤的認識。諮商中，我沒有教訓、勸誡，而是竭力鼓勵他去分析、總結自己所犯錯誤的性質。我沒有因他騙分就認定他是不可信的人。相反，儘量設法讓他感到「我相信他會從此次經歷中變得更加成熟」。換言之，我雖然不能接受（認同）明軒所犯的錯誤，但能接納他本人。這是人本主義心理學的基本原則之一。

透過這些探討，明軒認真吸取了此次騙分被懲處的教訓，決心回國生活一段時間，好好體驗人生的起落與得失，相信他一定會有很多收穫。更重要的是，他懂得了誠實的可貴，相信他今後會堂堂正正地做人。

由此，明軒沒有被生活的挫折擊倒而一蹶不振，反而邁著堅定的步伐，繼續走他的人生路。

【諮商話外音】

▼1 開展心理諮商對現代學校管理有何促進？

誠實是最好的策略，這是明軒透過此次騙分受罰而深刻領悟的道理。

明軒能由中國來到哈佛大學讀書，何其不易，卻因考試騙分而幾乎斷送了前程，這個教訓可謂慘重之極！

明軒此前一直平穩度過，沒有經過什麼大風大浪，現在經受這樣一場嚴厲的打擊，不能不使他徹底反省自我，思索人生。從這層意義上講，這次挫折肯定會對他的成長產生十分深遠的影響。

與其他案主相比，明軒對自我的認識是最透徹的。他不需要我去啟發或提示什麼，此時要做的不僅是幫助他辯證地看待此次經歷的教訓，振作起精神，也要為他力爭改過自新的機會。

我不認為自己在此事的處理上有什麼特殊的能耐，只是適時地強調了學校管理人性化的重要性。校方最後的決定實是明軒的幸運，因為像他犯的這種錯，在以前肯定會被掃地出門的。

我之所以能促使校方給了他一個改過的機會，完全是因為我提出的後現代教育理念與現代學校管理日趨人性化、個體化的發展潮流相吻合。而心理諮商正是其發展最直接的體現，因為心理諮商的主旨就是尊重人的個性和發展潛能。這正是開展心理諮商為現代學校管理帶來的促進。

▼2 後現代模式在諮商交流中的應用

後現代主義是二十世紀末一種遍及哲學、美學、文學、藝術、心理學、宗教等領域，在全球具有影響力的哲學文化思潮。強調對人類與自然建立開放的、多元的方法論和評價體系，以克服單一理念，擺脫僵化形式理性。

在後現代諮商交流中，諮商師需要放棄無所不知的權威姿態，不對問題做預先假定、回答，而要懷著好奇，儘可能地傾聽，鼓勵案主共同解構有問題的、喪失生命活力的種種經歷，積極互動，共同構建新的人生故事。與明軒的幾次溝通交流中，我運用問題外化技術，始終把考試騙分的問題和他本人分開，不去對他這個人的品性做片面的評價。

當我以這樣的態度和交流模式傾聽明軒內心的聲音以及諸多感受時，他檢討行為、反思過去的內在動機反而得以自發地喚起。而這一動機的甦醒，其實是認知改變、情緒調整以及行為修正的真正基石。

心理諮商小知識

「心理學」一詞最早是什麼時候出現的？

心理學最早的歷史可追溯到古希臘時代，但「心理學」作為專門的術語卻是在一五二〇年才出現的。這一年，名叫馬如利克（Marulic）的塞爾維亞人首次用psychologia這個詞發表了一篇講述大眾心理的文章。這是「心理學」一詞的首次亮相。七十年之後，名叫哥克（Rudokf Goeckel）的德國人又以此詞出版了一本名為《人性的提高，這就是心理學》的書。這便是人類歷史上最早記載的、以「心理學」這一術語出版的書。之後，人們就不斷以「心理學」這個名詞出版各類書籍，直至使心理學書籍成為世人最愛讀的書類之一。

❖ 註釋

1 這種下意識行為，一般表現了人內心的焦慮。

2 這句話的英文為：Honesty is the best policy. 據言，華盛頓六歲時，曾用斧頭將父親親手種植的一棵樹砍倒。他父親發現後震怒，要孩子們排成一列，問他們是誰做的。結果站在隊尾的小喬治挺身而出，坦言說是他做的，不料竟得到了父親的原諒，從此便將誠實當作為人之本。

3 愛德華·甘迺迪，美國已故總統約翰·甘迺迪的弟弟，自二十世紀六〇年代初以來，一直任美國參議員，直到逝世。他當初雖遭哈佛大學處分，但後來還是從哈佛大學畢業了。

4 海明威，美國著名小說家，曾獲一九五四年諾貝爾文學獎。他這句話出自其小說《老人與海》（*The Old Man and The Sea*），其英文為：A man can be defeated, but cannot be destroyed.

六、我恨我的冷漠

心理諮商是對自我行為和心靈的探索過程。人的某些行為或習慣動作背後可能埋藏著某種深刻的無意識動機[1]。佛洛伊德主張精神分析的目標就是「挖掘有意識行為背後的無意識動機」。

一九九一年秋，一位外國女留學生因不堪忍受學習壓力而自殺。這個事件曾在哈佛校園引起不小的騷動，我與兩位心理諮商中心的同事前往為死者的同學做團體諮商[2]，幫助他們宣洩對此事的驚恐情緒，掃除心理的陰影。過程中有個女孩子哭得很傷心，被人攙扶出去，我跟了出去，勸慰一陣子，並告訴她如仍感到難受，可到心理諮商中心來找我。

兩天後，那個女生果然來見我。她先感謝我那天的關心，並提出要定期會面一段時間，幫助她疏通對此事件的情緒反應。她的名字叫佳莎，十年前從羅馬尼亞移民來美國。

我本來可以救她？

佳莎與死者是室友，兩人都是研究生，非常要好。自春天以來，她的室友忽然變得十分懶惰，無故多次曠課，也不收拾屋子，經常呆坐在電視機前看電視、吃零食。有一天，佳莎從學校回來，看見她正百無聊賴地看電視，滿地都是散落的零食，佳莎十分生氣，就使勁地數落了一頓，她們因此有好幾天不講話。

出事前幾天，室友有兩次在深更半夜找佳莎聊天，都被她回絕。一次佳莎正在趕寫第二天要交的作業，不想被打擾；另一次是佳莎剛睡著，頭腦昏昏的，但答應第二天晚上和她聊。不料第二天中午回宿舍換衣服時，竟發現室友已經吃安眠藥自殺了。

室友給佳莎留了一張紙條，祝願她前程遠大，事業成功，還提醒她要學會多關心別人，這比學習好更重要。佳莎為了一再忽略室友的求救信號而感到慚愧萬分，追悔不已，連日來無法安然入睡。她說每每回到宿舍，都彷彿聽到室友的聲音；晚上一閉上眼睛，又彷彿看到室友流著眼淚向她走來……

她講述這一切時，忍不住落淚好幾次，覺得自己是個罪人，認為是她的冷漠促成了室友自殺，不能原諒那兩天的粗心與無情。她說不知道這樣活著有什麼意義，還不如死了清靜。

面對佳莎的精神痛苦，我首先表現了最大的同感和理解，並建議她先搬到其他朋友家住一段時間，以緩解當前的情緒，避免痛苦的回憶。還建議她這些日子多與朋友在一起，多參加課外活動，多做感興趣的事情，以轉移注意力。她聽從了建議，暫時搬到好友家去住，但她說還是忘不了死去的室友，良心還是受到譴責。

對此，我深感困惑，於是與督導商討佳莎極度自責和內疚的表現，我們一致認為是因為佳莎把自己的冷漠當作導致室友自殺的直接原因，承受巨大的精神折磨，已不能客觀地分析這場悲劇的前因後果。我要想辦法幫助她從內疚的精神折磨中掙脫出來，改變認識問題的方法。於是，我對督導說：「我想應該在談話中多瞭解佳莎以往的生活經歷，因為她的情緒反應確實有些反常，當中可能有什麼特殊的原因。你以為呢？」

督導讚許地說：「好，就這麼做。」

無法克制的內疚

依照我與督導商定的諮商方案，我和佳莎深入探討了室友自殺的主、客觀原因。

佳莎說室友自殺的直接原因是不堪學習壓力。她們同住的一年多裡，佳莎曾多次聽到她抱怨不能再承受這裡的學習壓力了，想休學一學期；但她是公派到哈佛進修的，時間和經費都有限，不能這樣安排，使她感到十分沮喪。自殺前一星期，她又因屢次曠課、未交作業而受到學院的詢問，要求儘快跟上學習進度，否則將難以繼續在哈佛的學業。與此同時，派她出國的單位再次來信催促學業結束立即回國……情急之下，她竟走上了輕生的道路。

我問佳莎：「如果那兩天晚上妳幫助了她，會有什麼樣的結果？」

「她也許不會去死，那是臨死前的呼救啊。」佳莎低著頭，嘴唇微微顫抖。

「我很理解妳的心情，然而妳覺得怎麼做才能使她徹底擺脫死的誘惑？」

「當然是克服學習的困難，適應在哈佛的生活。」佳莎木然地說，頭仍半低著。

「那妳認為自己在這過程中能發揮多大的作用呢？」

「我知道你想解脫我對室友之死的內疚。」佳莎慢慢抬起頭來說：「即使那兩天與她談了話，也未必能對她的學習有多大幫助，因為她的學習問題很嚴重，但我跟她談話至少可以幫助她把自己從死亡線上拉回來。她今年才二十五歲啊！」

說到這裡，佳莎的眼眶裡噙滿了淚水，她取出幾張紙巾，抹了把眼角，閉上了雙眼。我讓她沉靜片刻，再開口說：「是啊，佳莎，如果那兩天晚上妳和她談了話，很可能會產生一些積極作用，的確是很可惜的事情；但更可惜的是，她面臨人生重大危機時，沒有像妳這樣來找我們或其他專業人士求助。要是她來找我們的話，總會想出辦法幫助她度過這一難關的，妳說是吧？」

「是啊，是啊，要是她早點尋求心理諮商就好了，我怎麼沒有想到把你們介紹給她。」

我向佳莎解釋了如果她的室友來求詢，我們會如何幫助她。但在談話中，我發現佳莎仍將室友的死與自己的冷漠、粗心扯在一起，例如，說起室友面臨的學習壓力時，佳莎就自責以前沒有好好地幫助她；而說起她在波士頓沒什麼朋友時，又自責當初沒有帶她多認識幾個朋友。這些表現使我產生了進一步的懷疑：室友的死是否勾起了佳莎過往某些不愉快經歷的回憶，而出現強烈的移情反應，否則過了這麼多天，她為什麼不斷地譴責自己呢？

我問佳莎：「我發現妳對室友的死感到無比內疚自責，我很欽佩妳這種勇於自我批評的精神，但也懷疑這次事件是否勾起了妳以往生活的某些經歷？」

聽了我的提問，佳莎又低下了頭，陷入了長時間的沉默。她的眉頭一動一動的，嘴角一抽一抽的，最後斷斷續續地說：「我……我有一個表姐……五年前也是吃安眠藥自殺的……在出事前的幾天，她都不跟周圍的人講話，也不跟我講話……後來，我們在她留下的遺書裡瞭解到她的死因。唉，我要是能在那幾天多找她說說話、多陪陪她，也許就不會出事了。我怎麼會這麼傻啊！」說完，她又掩面哭泣起來。

以往的心理創傷

這下子，我全明白了。佳莎對室友之死的過分自責，實際上是繼續悼念表姐的死。由於兩人死亡的形式雷同，佳莎幾乎重新體驗一次表姐之死的心靈創痛，這正是她一再自責未能及時拯救室友逃離死亡的根源所在，也是懊悔當初未能及時察覺表姐的自殺舉動，難怪會揪住自己不放。

認清這一切，我心裡輕鬆了許多。在此之前，無論怎麼啟發佳莎不要過分內疚自責，都不能使她改變想法。她終於說了實話，使我看清了問題的根源，再設法幫助就有方向了。我決定將兩個人的死連在一起談，以使佳莎意識到對室友之死深感內疚，實際上是進一步宣洩對表姐之死的自責心情。

我解析道：「妳對室友之死這樣難過，一定程度上是潛意識認定表姐之死與妳未能及時察覺與拯救有關，所以始終擺脫不了自責的困擾。而今，室友自殺使妳在潛意識中重溫了當初的精神折磨，從而再次陷入自責內疚的深淵，不能自拔。這是因為室友自殺與表姐自殺的過程有許多雷同之處。」

佳莎一再點頭稱是，說：「噢，原來是這樣。我以前從來沒有這麼想過。從發現室友自殺那一刻起，就像再次體驗表姐自殺的痛苦。我一直想把這件事情說出來，又怕你會嘲笑我不懂得記取教訓，重蹈覆轍。好幾次話到嘴邊又嚥了回去。現在說出這一切，感到輕鬆了許多，因為再也沒什麼事情瞞著你了。」

我點點頭說：「是呀，現在全講開了，就解脫了許多。事實上，無論是室友之死，還是表姐之死，妳都是受傷者。」

「為什麼呢？」

「在此之前，妳一直把對表姐和室友之死的懊悔憋在心裡，沒有徹底講出來，為妳帶來巨大的心理負擔，使妳不能坦然地面對妳與她們的關係，並在潛意識把自己當成導致她們走上輕生道路的罪魁禍首，所以會感到自責不安。更重要的是，這塊心病不除，就會永遠受折磨。若未來再發生類似的不幸事件，妳還是會陷入自責的深淵，妳信不信？」

「嗯，我信。表姐過世後，我非常悔恨，但一直沒機會把這些痛苦講出來。我有幾次與父母談起此事，他們總是勸我不要想太多，也不要再與他人談論這事了。他們總說表姐是自殺的，與我無關，過去的事情就讓它過去，人要向前看。」

「那妳怎麼看妳父母說的話呢？」

「我承認他們說的話有道理，但我做不到。」

說出藏在心裡的悔恨

接下去，佳莎講述了她與表姐的特殊關係。原來佳莎的父母因駐外工作長期居留西方國家，後來輾轉去了美國，佳莎因此與父母長期分離，一直與舅父家的表姐同住。表姐大她十五歲，待她既似姐姐，又如母親，兩人關係非比尋常。表姐的父親在「二戰」期間曾出任納粹德國傀儡政府的高官[3]。羅馬尼亞解放後，他被解放陣線處死，使表姐當年備受刺激和歧視，心情一直很壓抑，夢想移民到美國，開始新生活。十年前終於如願以償，和佳莎一起移民來美國，佳莎很快適應了新生活，而表姐卻不能適應新環境，人也開始變了。

「變得怎樣？」我插嘴問。

「變得急躁。表姐對我一向很好，也很有耐心。她很漂亮，曾幻想成為明星人物，但因舅父的緣故，沒有機會被栽培，所以她把全部的夢想寄託在我身上，希望把我培養成像科馬內奇（Nadia Comaneci）[4]般的體操明星，但我就是不喜歡體操，她也拿我沒辦法。她又想把我培養成為電影明星，經常帶我看各種電影，還講她以前看過的電影給我聽，評論演員哪裡演得好、哪裡演得不好。表姐還說如果在羅馬尼亞拍不成電影，就去美國拍。那裡有好多電影製片廠，也有好多機會……」說著說著，佳莎痛苦地閉上了眼睛，兩行熱淚滾滾而下。

沉靜了片刻後，我先開口說：「妳對表姐的思念很深。」

「是啊，父母要我忘掉表姐根本是不可能的。他們無法理解我們之間的深厚感情。我要是多注意她的異常表現，主動跟她說話，也許她就活下來了，而她若能看到我在哈佛大學讀書，該有多高興啊！」

「是啊，妳這麼思念表姐，卻一直沒有機會把這份埋藏在心底的思念和悔恨說出來，這是這些年來不能平靜面對這段往事的根本原因。」

「你指的是什麼？」

「我是說以前妳父母總是要妳不要想那麼多，要向前看。言外之意，要妳儘快把這段痛苦的往事忘掉。但它只是迴避問題的作法，本質上沒有解決問題。就好比把一堆發黴的食物掃到地毯下，表面上垃圾消失了，但事實上並沒有消失，而是藏在下面腐蝕著地毯，直至它的一角爛掉，使妳蒙受更大的損失。妳現在把精神痛苦都講了出來，就好比把垃圾從地毯下清掃出去一樣，使它不再干擾妳的情緒，折磨妳的心靈。」

佳莎使勁地點頭說：「你比喻得真是太貼切了。我之所以對室友之死有這麼強烈的反應，就是因為當初沒能把內心的愧疚與委屈說出來，理順其中的關係。現在說出來，真的感覺舒服多。」

我點點頭。

「以前總覺得我父母說的話有問題，但一直說不清楚問題在哪裡。今天我明白了，問題在於他們只懂得要我儘快忘掉這段痛苦經歷，卻不懂得如果不把一切談清楚，就永遠無法坦然面對這件事。」佳莎睜大眼睛說。

「嗯哼ㄣ。」我再度點點頭。

「我擺脫不了對表姐之死的內疚，在一定程度上也是我父母造成的，因為他們一直勸我忘記表姐，等於阻撓我正常宣洩一肚子委屈，反而使我對這段往事念念不忘，因為沒有獲得心理平衡，你說對不對？」

「妳真的該來學心理學。」我開玩笑說。

「我遲早會的。」佳莎笑著答道。她深深地吐了口氣，接著說：「要是人人都懂點心理學就好嘍，也不會有那麼多煩惱了。」

「妳的心結終於解開了，我真替妳高興。還有什麼要說的嗎？」

佳莎想了想說：「有一點還是不明白，我為什麼總是覺得可以挽救表姐和室友？」

我沒有直接回答她的提問，而是反問她：「妳認為妳真的有能力這樣做嗎？」

「我也不肯定，但如果我早點觀察到她們的情緒變化，或是更敏感些，至少可以做點什麼。」

「做點什麼？」

「例如說，我可以帶她們出去走一走、散散心，至少會讓她們感到有人在關心啊。」

「那樣做又能幫助她們多少呢？」

「那你的意思是？」

「我是指妳總覺得本來可以挽救她們，但沒想到她們的問題已經遠遠超出了妳的解決能力範圍。她們需要接受專業人員的諮商，甚至去看醫生，所以妳為未能及時做些什麼而懊喪不已，很大程度上是沒有必要的。妳說呢？」

佳莎歎了口氣，若有所思地說：「看來我真是該把這事看開些，要是能救得了她們，當然最好了，可是沒能挽救她們，本質上也不能怪我，是嗎？就像你說的，她們的問題確實不是我能解決得了的。不過室友就這麼死了，還留了張紙條，裡面就是有埋怨我的意思，所以我承受良心譴責也是理所當然的，要不然就更對不起她了。」

「我明白妳的意思。人已故去，妳覺得自己吸取了什麼教訓？」

「我想我一定要變得更善解人意。這份做人的功夫的確比做學問的功夫更重要。」

「還有呢？」

「還有，以後再遇到這類事情，我知道該怎麼做了，也知道該怎麼調節自己的心情了。嗯，這麼想真的感覺好多了。人真的要學會在遇到不順心的事時從不同角度來思考，那樣才能把心情調整好，你說呢？」

佳莎眼裡閃過一種我以前未曾見過的神情，她緊盯著我的雙眼，充滿了自信。我知道她的心情算是真正平靜下來了。看著她張開雙臂，我長長地吐出一口氣，心亦舒展開來。

佳莎終於解脫了，不再像以前那樣感覺灰暗，也不再對室友之死感到那麼內疚自責了。她望著我屋中那幅大海油畫說：「我就像剛從翻騰滾滾的大海游到了岸邊，雖然渾身精疲力盡，心情卻感到無比輕鬆。」

的確，室友的死使她的生活像海潮般翻騰了一番。前些天，心情還如同畫中波濤洶湧的海面；而現在卻似畫中風平浪靜的岸邊。她埋藏在心底多年的結被解開，恢復了平靜，明白了許多，也成熟了許多，對生活更充滿信心。

我們又討論了一些具體的事情，例如，是否要搬回原宿舍去住，怎麼透過參加不同的活動來調整心情，怎麼應付當前的學習壓力等。透過這些討論，佳莎決定與房東協商，儘快搬出現在的住處。同時，打算在近期內多參加朋友的聚會。為了幫助佳莎調整心情，我特別向她的兩位任課教師寫了信，請他們同意延遲她交作業的時間，以確保她能專心地放鬆情緒[6]。此外，還打了電話給我的朋友，請他們協助佳莎尋找新住處。

最後一次見面，佳莎告訴我：「我本來很擔心你這個大男人不能很好地理解我這個小女子的心思，現在不再擔心了。」

我回答說：「我為妳諮商，也一直擔心妳不能徹底解脫精神煩惱，現在也不再擔心了。」

佳莎會心地笑了。在輕鬆的笑聲中，我結束了與她的諮商。

【個案分析】

▼1 如何解開「未完成情結」——心房大掃除

心理諮商之難，時常在於要揭示表象背後的玄機。在此過程中，心理諮商人員需要扮演精神分析學家的角色，像佛洛伊德那樣發出一連串發人深省的問題，令人聽了有所頓悟，從而解開一個又一個繫在心底的結扣。所以，佛洛伊德說精神分析的目標就是使人找到無意識行為背後的有意識原因，是很有道理的。

最初為佳莎諮商時，一直以為她對室友之死的內疚完全是出自悼念之情，理所當然感到傷心。我曾試圖用「現實療法」來幫助她緩解負疚心理；但無論怎麼啟發不要過分自責，她還是跳不出內疚的圈子。

後來，我改用「精神分析」[7]的方法，開始與佳莎討論內疚之情的潛在因素，結果發現本質上是她在補償（compensate）對表姐之死的悔恨。正是這種悔恨情緒的宣洩不足，構成了潛意識中的「未完成情結」，使她甘心忍受當前的內疚煎熬。

佳莎起先對這種「未完成情結」的潛意識作用並不清楚，直到我幫助她領悟到室友之死與表姐之死的關聯後，才徹底宣洩出藏在心靈深處的痛創，從而解開「未完成情結」，最終擺脫內疚對自我的煎熬。

這使我想起了早年看過的一部名為《意亂情迷》（Spellbound）的美國電影[8]，主角愛德華大夫的「未完成情結」使他一看到橫條狀東西就感覺緊張。這種心結是無法靠勸說來加以擺脫的，唯有將其解析，[9]清楚，最終才能獲得解脫。

同樣，對佳莎的諮商上，我不將她對室友之死過分悲哀的潛在動機搞清楚，就無法「對症下藥」。更重要的是，我透過一步步發問和提示，幫助她調整了其認知中的極端和偏差，使她終於獲得了心靈上的平靜，甩掉心理包袱，輕鬆前行。

▼2 內疚為何帶來持久的影響——不能言語的痛

在大多數情緒中，我們通常會關注那些容易辨識的、比較外顯的情緒，如憤怒、痛哭、自殘等；而較為內隱的情緒，如內疚、自責、羞恥等卻容易被忽略。因為這些情緒往往深壓於心靈深處，如鬼魅般穿行，難以用言語向他人訴說並獲得別人的諒解。久而久之，其對身心免疫力的影響是十分巨大的。就如佳莎的個案一樣，因為表姐離世一直蟄伏在她的潛意識中，當室友發生類似的事件，會重新啟動大腦傷痛的情緒記憶，從而不能自已。

對於這樣未完成情結的哀傷處理，除了精神分析的動力解讀之外，還可以採用德國完形療法中的空椅技術（empty chair technique）[10]。透過角色的扮演和自我對話，營造安全的情境氛圍，聯結已故之人和自己當下的心境，讓紛亂的思緒進行意識整合，讓不良情緒得以釋放。

【諮商話外音】

▼1 心理諮商為什麼要幫助人清除心底的垃圾？

透過這次諮商經歷，我認識到做心理諮商一定要善於多提問題、多聯想，為的是幫助人清除埋藏在心底的垃圾。案主常是當局者迷，如果諮商者不能幫助他從不同角度看問題，也勢必會一起陷入迷霧之中。最初為佳莎諮商時，我也一度陷進了她的「迷魂陣」，不能幫助她有效地擺脫精神痛苦。當我意識到她的反應非同尋常時，才慢慢跳出了迷局，發現問題核心所在，最終幫助她也跳了出來。

此外，幫助佳莎恢復，不僅要讓不良情緒宣洩出來，還要有具體的行動配合，例如換住處、推遲交作業時間及幫她總結經驗教訓等。因為宣洩只能使她改變原有的認知方法，而具體行動才能進一步鞏固她的情緒轉變。這也是我從此次諮商中獲得的經驗。

我還要特別強調的是，把心底垃圾藏到地毯下的作法，可能有害於案主的心理健康。對於某些精神痛苦，例如失戀之苦、喪親之悲、落選之憾、輸賽之惱、敗考之憤等，不能簡單地採取「大事化小，小事化了」的策略。只有將這些精神痛苦徹底地說出來，才能真正解除「未完成情結」對案主的精神折磨，從而使他獲得內心的平衡，看開一切。這也是我在前文〈登天的感覺〉一章中談到的心理諮商要達到的另一個目標，即使人成長。心理諮商的宗旨欲達到的兩個目標，成長與解開「心結」，二者承上啟下，相輔相成。不然，一塊心病壓在心頭，天長日久，必然會愈積愈深、愈壓愈重，最終形成心靈中巨大的「黑洞」，為正常的生活與工作帶來干擾。這即是清除心底垃圾對維護心理健康的重要性。

▼2 中醫「通者不痛，痛者不通」的啟發

現實生活中，為什麼有些人會為一時之情感打擊而情緒抑鬱，甚至精神失常？很大程度上在於他們蒙受情感的打擊（如失戀、落榜等）已是痛苦萬分，而雪上加霜的是，身邊的親人或朋友不知道怎樣做才能真正安慰他們，只是一味地勸說儘量想開一些，忘掉過去，展望未來。殊不知，這可能是最不入耳的話，而且可能會幫倒忙；因為安慰不一定要忘記過去，而是幫助他學會正確地面對過去。如果一個人的心靈創傷沒有得到及時的宣洩和紓解，可能留下許多後患，精神抑鬱就是其表現之一。

總之，人蒙受了某種精神刺激，一口氣吐不出來，反而嚥回肚子裡，不但使他對往事耿耿於懷，還會慢慢侵蝕身心健康。這一現象正應了中醫「通者不痛，痛者不通」的辯證原理[11]。可惜許多人不明白這一點，眼看著悲劇發生，卻不知所措。

本案中，佳莎之所以能平復情緒，本質上是因為心靈得到了徹底解脫。不然，任何認識的人一出事，她就可能會自責一番。如果當初她的表姐和室友的「痛結」也有機會得到疏通的話（無論是對新環境的適應不良，還是不堪學習的壓力），相信她們都會活下來。我們有必要經常想一想「通者不痛，痛者不通」的道理啟示。

心理諮商小知識

佛洛伊德怎樣創立「精神分析學說」？

佛洛伊德創立精神分析學說可說是歷史的偶然。他年輕時在維也納大學醫學院讀書，曾一度對腦神經科產生了濃厚的興趣。他當年的夢想是成為腦神經學家，專門從事科學研究，可惜要分擔家裡的經濟負擔，再加上身為猶太人，很難打入知識界的上層社會，所以不得不放棄這一夢想。

他完成了在維也納大學醫學院的學業，成為一名開業醫生。後來與一位叫布洛伊爾的奧地利醫生合作，研究「催眠暗示」對歇斯底里患者康復的作用，才逐漸創立了精神分析學說。在正式命名之前，佛洛伊德曾將這種特殊的療法稱作「談話療法」（talking cure）。

人們皆知道佛洛伊德是精神分析學說的開山鼻祖，但可能不知道他在投入談話療法的研究之前，曾發表了十餘篇有關腦神經的學術論文；而且他一生除了做精神分析之外，還靠行醫和寫文章來貼補家用。

❖註釋

1 無意識動機的英文為unconscious motivation。

2 做為學校心理諮商機構的人員，我們經常被邀為學生舉辦這類的集體諮商和心理講座活動。

3 羅馬尼亞在二戰期間曾長期受到納粹德國的管制，成為軸心國的成員之一，直至後來被蘇聯軍隊解放。

4 科馬內奇是羅馬尼亞二十世紀七〇年代著名的女子體操運動員，曾在奧運會中高低桿項目上創下滿分紀錄。

5「嗯哼」是心理諮商大師羅傑斯的一個習慣用語，意在鼓勵對方繼續講話。結果這成了許多心理諮商人員的習慣用語，我的督導在談話中也習慣使用。

6 在哈佛大學，心理諮商人員可以視情況為來詢學生開證明，請求延緩交作業及參加考試等。

7 精神分析理論由佛洛伊德創立，內容龐雜，包括潛意識理論、人格理論、性欲理論及精神防禦理論等方面。其理論要點綜述如下：

A.人的心理活動分為意識、前意識和潛意識（又稱無意識）三個部分。其中意識指人能夠知覺的心理活動；前意識指人平時感覺不到卻可以經過努力回憶和集中精力而感覺到的心理活動；潛意識指人平時感覺不到卻沒有被清除而是

約瑟夫·布洛伊爾

（Josef Breuer，一八四二～一九二五），奧地利醫生，生於維也納，逝於維也納。一八六三年畢業於維也納大學，一八六八年任維也納大學榮譽講師，一八七一年起當私人醫生，一八九四年當上維也納科學院的通訊院士。

被壓抑了的心理活動。佛洛伊德認為許多心理障礙的形成，是由於那些被壓抑在個人潛意識當中的本能欲望或意念沒有得到釋放。

B.人格是由本我、自我和超我三個部分組成。其中「本我」是個人最原始、最本能的衝動，例如食欲、性欲、攻擊欲、自我保護欲等，依照快樂原則行事。「自我」是個人在與環境接觸中由「本我」衍生而來的，依照現實原則行事，並調節「本我」的衝動，採取社會所允許的方式行事。「超我」是道德化的自我，依照理想原則行事，是人格的最高層次，也是良知與負疚感形成的基礎。佛洛伊德認為本我、自我、超我之間的矛盾衝突及協調構成了人格的基礎。人欲維持心理健康就必須協調好三者的關係。

C.人在維護自我的心理平衡和健康時，常對生活中的煩惱和精神痛苦採取某種自圓其說或自欺欺人等認識方法，以求心靈的自慰。佛洛伊德將這些認識方法稱為「心理防衛機制」，通常包括解脫、補償、合理化、投射、轉移、昇華及理想化等方式。佛洛伊德認為這些心理防衛活動多是無意識的，對人體的心理健康可起積極作用，也可起消極作用。

D.為使人們領悟其心理障礙的根源，人們需要接受精神分析的治療，透過移情關係的建立來重塑人格。在這當中，心理分析師通常使用解析、自由聯想、催眠、釋夢等技巧來疏解患者本我與超我的衝突，減輕自我壓力，從而更好地面對現實。

8 該電影主要講一個名叫愛德華的大夫，年少時看到自己的弟弟在滑雪時不幸被鐵欄杆戳死，深受刺激。此後，他每看到橫條狀的東西和標誌（例如斑馬紋、食叉、橫條圖案的睡衣、運動場跑道等），就倍感緊張，直到有一天被人道破了其緊張心結的根源（即條狀東西和標誌與弟弟被條狀鐵欄杆戳死的潛意識聯想），才使他的心靈得到了徹底的解脫，也不再害怕這類東西了。

9 解析（interpretation）是精神分析中的重要技巧，指透過對人行為動機的分析，以增強案主對自我潛意識中某些特定情感、行為方式的瞭解。

10 為了運用空椅技術，治療師需要準備應付強烈的情感反應，並且知道如何控制治療過程的發展，同時將治療師角色弱化。空椅技術的目的是促使患者對人格中的支離破碎部分或經驗的兩個極端進行意識的整合。通常是由患者扮演人格中兩個對立的角色，讓他們在這兩個角色之間進行對話。具體作法是：將兩把空椅面對面地放著，一把代表患者人格中的優勝者角色，另一把則代表其人格中的劣敗者角色。患者坐在代表優勝者角色的椅子上時，就對著代表失敗者的空椅子說話，隨後患者轉移到代表失敗者的椅子上，並對剛才的勝利者所說的話做出回答。在患者自我的互動中，治療者可以在旁邊觀察，或在患者交換角色時做必要指導，要求患者重複或誇大其言語和行為。

11「通者不痛，痛者不通」是中醫的原理主張，人的某些疾病是由人體經絡不通所致，而疏通疾病區域的經絡即會治癒人體之病。

七、我是同性戀嗎？

心理諮商在於幫助人不斷地認識自我、完善自我。而對於案主的自我思考和探索，心理諮商人員應該採取什麼立場？做出什麼努力？這是每個心理諮商人員不斷面臨的挑戰。

湯姆是哈佛大學一年級學生，長得高大魁梧、滿臉鬍鬚，一副西部片中牛仔的樣子。他來找我諮商「性取向」[1]問題，他想釐清這輩子做一個同性戀好，還是異性戀好。

「你有過同性戀的經歷嗎？」湯姆一來就問我。

「沒有，不過讓我試著為你諮商，如果你感覺不好，可以隨時提出換人的要求。」

我開始為湯姆的諮商，沒想到此次諮商是我在哈佛大學做心理諮商，遇到難度最大也是收穫最多的個案。

男人女人，我都愛？

湯姆告訴我他不是天生的同性戀，他對男性本來沒有生理上的興趣與需求，兩年前才開始介入同性戀圈子，本來只想做個祕密的同性戀者，但近來他的「女友」麥克，突然提出要公開他們的關係，否則將與他斷絕來往。

湯姆對此深感為難，他雖然有這樣一個固定的「女友」，卻仍與女孩們交往，要他公開同性戀關係，勢必會失去那些女孩。湯姆十分猶豫，他從來沒有認為自己一定要成為同性戀[2]。

湯姆生長在軍人家庭，是獨生子，他的父母正駐紮在歐洲某地。從小到大，父親一直希望他能跟自己一樣上西點軍校[3]，將來成為職業軍人。為了安排他上西點軍校，父親早就請家鄉的兩位聯邦議員寫好了推薦信[4]。但湯姆不喜歡軍旅生活，更不喜歡他父親的家教方式，所以堅決反對；再加上母親暗中支持，所以最終沒有服從父親的意志。他強調在記憶中，很少能抗拒父命，這回是少見的例外。

我聞到了他們父子間的火藥味。

湯姆因父母的工作去過美國及世界上許多地方，一方面使他閱歷很廣，見過不少世面；另一方面也使他缺乏知心朋友，經常剛結交幾個好朋友，就得隨父母開拔去其他地方。每次收拾行裝時，父母都很興奮，但小湯姆大多一臉憂傷，因為這意味著他又要適應新的環境，結交新的朋友，他不喜歡這種漂泊不定的生活。

上中學以後，他大多留在美國，不再隨父母遠駐他鄉。由於廣泛的社會閱歷及特殊的家庭背景，湯姆在校內頗受女孩們的青睞，也交過不少女友，奇怪的是，竟也有些男孩子對他感興趣。

一個男同學忽然對他說：「不要一天到晚和女孩子泡在一起。」他不斷約湯姆體驗一下男人在一起的樂趣，出於好奇，湯姆真的和那個男孩約會了幾次，並有了身體的接觸，說不出有什麼異樣的感覺，但那個男同學告訴湯姆：「年輕人應該同性戀、異性戀都嘗試一下，這樣才能確定一個人的『性取向』。」就這樣，湯姆開始參加同性戀活動，但始終說不清自己的「性取向」到底屬於哪一邊，他只知道同性戀與異性戀的體驗都不錯。

上了哈佛大學之後，湯姆又結交了幾個新的同性戀朋友，都未能持久交往，直到認識了現在的「女友」麥克，才獲得了一定的滿足，主要是麥克對他言聽計從。但麥克發現他居然與女孩子有染，甚表不滿，提出分手，除非他公開他們的關係。這使湯姆陷入了空前的苦惱，他下不了決心，不願意捨棄麥克。令他更緊張的是，麥克近來似乎與另一個同性戀者交往，所以要儘快做出抉擇。

我適合為同性戀提供諮商嗎？

面對湯姆「性取向」的抉擇，我也感到很困惑，我的生活經歷中，從來沒想過性取向的問題，我也不明白為什麼當今美國的一些青少年會把對同性戀的嘗試當作自我確認[5]的一項任務。難道人的性取向是成長道路中的一個謎嗎？我無法理解湯姆講的許多事情。

帶著這些疑慮，我去請教督導，並提出是否換人為湯姆諮商更為合適。不料督導卻對我說：「你對自己都沒有信心，怎麼能為別人做諮商呢？」

「這不是一個信心的問題，而是一個能力的問題。因為我確實對同性戀一無所知，缺乏與案主產生思想共鳴的基礎，怎麼能夠很好地理解同性戀者的內心世界呢？」

「你以為每一個給同性戀者做心理諮商的人都必須有同性戀的經歷嗎？」他反問我。

「當然不必了，但我是擔心自己會對同性戀者有什麼自覺或不自覺的反移情意識[6]。」

「那為什麼不可以體驗一下同性戀者的內心世界呢？你不覺得這次諮商對你來說正是

一次很好的鍛鍊機會嗎？看一看究竟有沒有能力為那些你不瞭解的人做諮商。」

我無奈地點點頭，心想這回可真要「趕鴨子上架」了。

督導進一步建議我主動接觸一些同性戀人士，瞭解他們的內心感受和情緒體驗，並當作此次心理諮商的一項特殊作業來完成。

我說：「那就讓我去試一試吧，但是……」

不料督導打斷我的話說：「別說但是了，你會成功的。」

參加哈佛大學同性戀協會的聚會

遵照督導的建議，我在為湯姆做諮商的同時，也接觸了哈佛大學同性戀協會的人士，提出想參加他們的聚會，他們很痛快地答應了，這是我第一次參加這樣的活動，心裡既好奇又緊張。那天的聚會共有二十多人參加，有男有女，大多是哈佛大學的學生，有幾個還是我認識的同學。他們當中有些人佩戴著一個藍色或粉色的三角塑膠徽章[7]，男同性戀們還大多在左耳上戴一個耳環。有了這些標誌，大家一眼就能看出對方的身分，而對於我這個什麼都不戴的人，大家開始時多少有些警戒。

當他們得知我的來意後，爭先恐後地向我講述他們是如何走上同性戀道路，那種感覺就好像入道已久的基督徒給新入道的基督徒講述自己的見證[8]經歷那般迫切、虔誠。其中有個女孩子激動地對我講述了當初在異性戀當中得不到滿足，後來在同性戀中得到了滿足，好像她完全就換了一個人似的……

說著說著，她的眼淚快流下來。出於職業的習慣，我連忙找了一張紙巾遞給她。她擦了擦眼淚對我說：「當你抱著世俗的眼光去看待我們同性戀者時，你永遠不會理解我們的樂趣。同性戀真的不是什麼見不得人的事情，完全是個人的生活選擇，就相當於你有權利選擇你的舞伴或生意夥伴一樣。」

「那妳怎樣看待家庭和繁衍子女後代呢？」我十分謹慎地問。

「那也完全是我個人的選擇。如果我與我的同性戀夥伴一致認為我們想要有一個孩子，可以去領養一個孩子。」

「如果有朝一日妳們兩個人決定分手，那妳們會怎麼對待這個孩子？」

「我們也會事先商量好彼此的責任後再分手。必要的話，還會簽署一份法律文件，以確保彼此對孩子的義務，就跟一般家庭辦理離婚手續是一樣的呀。同性戀是我們的選擇，除此之外，我們與常人沒有什麼不同。」她乾脆地回答。

「那妳成了同性戀，妳的家人又怎麼看妳呢？」我接著問。

「這是我的選擇，他們怎麼看沒有關係。當然，我還是希望他們能理解我、支持我。其實，我的家人起初還想管我，但現在他們也管不了我了。他們自己的事情都忙不過來呢……」說到這裡，我們都笑了。

* * *

參加這次活動，雖然就我個人來說，仍然不能接受同性戀的生活方式，但對於同性戀者的內心世界，我願意做更深的瞭解。我試著將同性戀看作一種人生的選擇，而不是一種人性的變態。當我從這一角度看問題時，我就可以感受到同性戀對某些人的巨大吸引力。特別是在美國這樣一個崇尚自我和標新立異的社會裡，再沒有比搞同性戀更能表現一個人的個性與反叛精神的了。

同時，我開始明白，每個參與同性戀活動的人最終不一定都會成為同性戀者，也不是每個同性戀者的形成都必然要受到某種生理或遺傳因素的影響。事實上，許多人參與同性戀活動，可能正是為了尋求某種自我意識的覺醒，其真實目的並非一定要成為一個同性戀者。

這就是為什麼「性取向」的選擇會成為美國年輕人的時髦追求。他們什麼都想試一試，一如二十世紀六、七〇年代的年輕人那樣，不抽一回大麻就枉為青少年一場。所以，參加同性戀活動可能僅是人們自我嘗試的手段，而並非其目的。

這些認識是我此次「作業」的可貴收穫，真是沒有調查，就沒有發言權哪。

恨與愛交織的結果

有了這樣一份理解，我再與湯姆探討其「性取向」時，就不再拘泥於同性戀與異性戀之感覺比較，而是圍繞著同性戀的象徵意義，以及湯姆在什麼情形下接觸到同性戀的問題，展開積極的討論，結果挖掘到大量重要資訊。原來，湯姆開始接觸同性戀正是在他獨立生活後不久，那時，他首次感到擁有了自己，而不再受父親控制。他為自己不再跟隨父母漂泊四方，過著孤獨而不安定的日子而感到歡欣不已。

雖然他父親的職位步步高升，並日益受到時任美國三軍參謀長、聯席會議主席鮑威爾（Colin Luther Powell）將軍的器重，但湯姆認為他們的父子關係是徹底失敗的，絕少有心靈溝通，有的只是意見衝突。就連湯姆平時與父親講話，張口閉口也都是「是的，長官」。

一次，湯姆說到他們的父子衝突時，忽然問我：「你知道『怨』這個字是什麼意思嗎？」

我沒有出聲，雙眼望著他，等待他答覆我。

「是恨與愛的交織。」他自言道。

「嗯哼。」我點一點頭，示意他講下去。

頓了一下，湯姆接著說：「我愛我爸爸，因為他生育了我，並在我身上傾注了許多期望；我恨我爸爸，因為他對我從來就像個長官，而不像個父親，他只知道命令我做這做那，卻從不問我有什麼想法。我多麼渴望他能以一個朋友的口吻跟我講話。但是在我的記憶中，他從來沒有這樣做過。所以，我總想對他大聲說一個『不』字，或與他大吵一架，可是每次看到他那副嚴厲的樣子，我又什麼都做不出來，我恨自己，也恨他！」說到這裡，湯姆用一隻手托住頭，沉默起來。

等了幾秒鐘，我開口說：「你很遺憾你爸爸不能尊重你。」

「是啊，當著他的面，我像他的衛兵那樣順從他；但背著他，我也像他們一樣詛咒他。他肩章上的星星每多一顆，他說話中訓斥人的成分也增添一分。」說完，湯姆把頭埋進雙手中。

我湊過身去，用手輕拍了下他的肩頭。沉靜了一會兒，我輕聲問湯姆：「你覺得現在參與同性戀的活動是否與此有關？」

湯姆抬起頭來，疑惑地望著我說：「我說不清楚，但我知道父親是堅決反對在軍中搞同性戀的。上次國會就此問題舉行聽證會時，父親還代表所屬的駐軍發言，再次表明他的堅定立場。」

「這麼說，你是在做你父親堅決反對的事情，你不覺得事有蹊蹺嗎？」我接著問。

湯姆搖搖頭：「我不明白你是什麼意思？」

「你爸爸知道你在搞同性戀嗎？」

「當然不知道了。」

「那要是你爸爸知道了這件事會有什麼反應?」

「他肯定會大發雷霆的。但那有什麼關係呢,反正我已不在他身邊,他再也管不了我的事了。」湯姆聳聳肩。

「湯姆,你為什麼要做這件令你爸爸堅決反對的事情呢?」

「我就是不要他管我的事!他管我這麼多年,我受夠了。」湯姆憤憤地說。

「問題就在此了,湯姆,你不覺得這麼做是為了發洩對父親的怨恨嗎?」

聽畢,湯姆用手拍了下腦門,大聲嚷道:「對了,對了。其實我對同性戀並沒有什麼特別的感官滿足,我只覺得這麼做有一種說不出的刺激感與解脫感,就好像小孩子偷了什麼東西跑出來,卻沒有被人發現一樣。」

「所以你感覺自己在向父親出氣,卻沒被他發現,那樣很興奮、消氣,對不對?」

「對,對。」

「這就是說,你在潛意識中用成為同性戀來反抗你父親的權威,而事實上,你對同性戀本身並非真的有興趣。所以,你真正的滿足來自做了一件令你父親抓不住的事情,使你出了壓在心頭多年的氣,你說是不是這樣?」我的口氣加重。

湯姆張開嘴,睜大眼睛望著我,半晌說出一句:「你說得太有道理啦!」

「所以說,你本不屬於同性戀,因為本質上並沒有同性戀的衝動。」

聽了這話，湯姆忽地從沙發上站了起來，然後又慢慢地坐了下來，嘴裡喃喃地說：「這不可能，這不可能。那你又怎麼解釋我與麥克的關係呢？」

「那是因為麥克對你很順服，滿足了你被壓抑了很久的征服欲，所以你喜歡這樣的關係，你說是不是？」

「難道說，麥克只是我的心理征服對象？」湯姆倒抽了口氣。

「如果你真是個同性戀，那為什麼不願意公開你們的關係呢？你不覺得這本身就說明了問題嗎？」

湯姆用手扶著下巴望了我好一陣子，眉頭緊鎖。

我也望著他，不出一聲。

最後，湯姆打破沉默說：「你剛才的話說到關鍵了。我從來沒有想過，搞同性戀會有這麼深刻的原因。我一直以為交同性戀朋友只是玩玩而已，是為了讓自己開心。」

「所以說，你實際上不屬於同性戀的行列，而你最初投入同性戀的目的也已經達到。你說是不是？」

「那你怎麼解釋我能夠接受同性戀這一事實呢？」湯姆沉吟了一下再問我。

「因為任何人都可以介入同性戀，但介入了同性戀，並不一定就要真正成為同性戀。你不是還在交女友嗎？你能說凡是交了女友的人就一定是異性戀嗎？」

湯姆深深地點了點頭。

世界上最大的畏懼正是畏懼本身

湯姆面對同性戀伴侶的壓力，終於做出了抉擇。他認識到自己的性取向原本是很清楚的，只是在無意識中拿來做為抗拒父親權威的手段，結果反倒分不清自己的性取向。現在他弄清楚了，他不屬於同性戀者。這說明人的可塑性有多麼大！

事後，我向督導彙報了我的諮商結果。他問我現在感覺如何，我回答說很高興有這樣一個鍛鍊諮商能力的機會。我不但幫助湯姆做出性取向的選擇，也增強了我的諮商能力和技巧。

「更重要的是，」督導總結說，「你不再覺得自己不瞭解的問題就無法諮商。其實，每個來找你諮商的人都是一個特殊的個案，都是你所不瞭解的；只要不『但』字當頭[9]，你就會成功。這就是為什麼佛蘭克林・羅斯福總統會說：『世界上最大的畏懼正是畏懼本身[10]。』」

我牢牢記住了這句話。

【個案分析】

▼1 我為湯姆諮商成功的基點——穿上案主的「鞋」

為湯姆諮商之前，我從來沒有與同性戀者打過交道，無法理解他們的內心世界，也不能接受他們的生活方式。現在我卻要為一個同性戀者諮商他的「性取向」問題，我面臨的不僅是無知的壓力，還有個人成見（或曰反移情意識）的挑戰。我曾十分猶豫是否為湯姆做諮商。

但是，督導的話給了我極大的鞭策。他要求我將為湯姆諮商當作心理諮商的一個特殊作業來完成。其作業要求是排除自己的成見，去瞭解一個令自己望而生畏的世界。因此，我設法參加了一些同性戀者的活動，對他們投入同性戀的動機有了深刻的認識。這對我後來幫助湯姆領悟到他加入同性戀行列的潛在動機起了十分關鍵的作用。

此外，最初為湯姆諮商時，我曾試圖用「現實療法」來幫助他自主決策。我曾與他反覆比較同性戀與異性戀的感覺區別，企圖使他自己找出答案，結果湯姆還是沒能說清他的「性取向」究竟屬於哪一邊，使我們的討論一度陷入困局。

後來，我決定改用「認知領悟療法」（Cognitive Therapy）[11]來幫助湯姆決定自己的「性取向」。該療法主張人的心理困惑和障礙深受其認知方式的影響，要矯正這些行為表現，就必須從改變其認知方式入手。這使我為湯姆的「性取向」諮商打開了新的視野。

「現實療法」之所以不適合湯姆問題的諮商，是因為湯姆介入同性戀不光是受了當今社會的影響，更是他多年來備受父親權威壓制而甚感壓抑，使他在潛意識中埋藏了強烈的反叛意識。

改用「認知領悟療法」後，我開始與湯姆深入探討他投入同性戀的潛在動機及其象徵意義，結果使他發現自己涉入同性戀只是表面現象，而他與父親的代溝衝突及青少年的逆反心理才是深刻緣由。湯姆更加意識到這樣做實際上是為了反抗父親權威，而非他生來就具有同性戀傾向。

▼2 我為湯姆諮商有什麼收穫——識得廬山真面目

湯姆認識到這一切之後，即不再有「性取向」的困惑了，並對自我的行為方式有了深刻的瞭解。湯姆由「不識廬山真面目」到認得廬山真面目，本質上就在於他跳出了原有的思考方式，學會從遠處來看廬山。

換言之，湯姆不再被眼前的山峰（同性戀）擋住視野，而是從更遠的地方來看「廬山」的群山（自己涉入同性戀的過程及他對「性取向」困惑的原因），這樣他才真正看清了廬山的真面目（涉入同性戀的潛在動機）。這也是此次心理諮商給我們兩人的啟示。

由此，我圓滿完成了督導交給我的這份特殊作業，也通過一次諮商能力與技巧的嚴峻考驗。我很感謝督導在關鍵時刻對我的鼓勵，也由衷理解了「世上最大的畏懼正是畏懼本身」這句話的涵義。

當然，對於同性戀者的生活選擇與方式，我仍然不能認同。但對於同性戀者的心態，我願意多做瞭解。這不僅是心理諮商對我的挑戰，也是我向無知的挑戰。

兵書云：「知己知彼，百戰不殆。」心理諮商亦同此理。

▼3 「同性經歷」給心理諮商人員的新視野

心理學、人類學和社會學的研究表明，人類不僅是自然之子，具有男女性別的差異；人更重要的是他的社會性，與社會性直接相關的就是人所特有的心理性別。從社會人的角度來說，心理性別甚至更優於生理性別。無論是異性戀還是同性戀，做為一種社會現象，一直伴隨著人類一路走來。從單純的愛情角度講，既然沒有年齡之差異，那為什麼要有性別的限制呢？

在人生價值多元的當下，諸多相關的現象日益廣泛，而引發的各類問題也時有所見，我們在心理諮商中也經常遇到。在湯姆的個案當中，最初因為我與湯姆在性取向方面的觀念存在差異，我感到無從著手。經過督導的一番啟發後，我鼓足勇氣走進同性戀這一群體，傾聽他們內心的呼喚，使得我對人性的豐富性有了更深刻的領悟。

做為一個諮商人員，面對各式各樣的案主，不應該盲目地以己度人，更不能戴上有色眼鏡看待案主，這樣才能與案主的思維對焦，情感並軌。

【諮商話外音】

同性戀在美國社會盛行的原因是什麼？

同性戀做為一種生理學、心理學和社會學的現象，已愈來愈為大眾所認識。其實，凡事都有轉變，都有「異化」（alienation），人類亦不除外。而從尊重人性的角度來講，我可以理解同性戀者內心的感受和呼喚，畢竟在世界部分國家和地區裡，同性戀仍受到社會習俗的歧視。

但另一方面，如果人為了追求一種時髦，或是因為某種好奇心的驅使，去嘗試同性戀，甚至把它當作一個自我確認中思考的問題來對待，那就是違背人的天性了。

在美國，有的年輕人介入同性戀，並不是因為他們有著這方面的心理或生理需求，而是因為他們受到了同輩人的影響，好像不嘗試一回同性戀，就枉做青少年一場似的。

我清楚地記得，曾有一個男孩子來向我諮商他的某個問題時，順便告訴我，他發現自己是個異性戀者。他說這話時顯出非常自豪的樣子。而對我來說，這還用問嗎？

就這樣，「性取向」竟成了一個日益時髦的術語。許多人不明不白地進去，又不明不白地出來，不明確這麼做究竟是為了什麼。他們把「性取向」當作個人成長中的問題來思考，把一個原本很簡單的問題弄得複雜不清了。

由此，同性戀就不再只是一個單純的生理學問題，而被賦予了許多心理學和社會學的涵義。這反過頭來也增強了同性戀的神祕感和誘惑力。

這些都大大地渲染、神化了同性戀的實際意義。

（此案發生於二十五年前，現在世人對同性戀的態度已十分開放和接納，我也完全認可這一趨勢。本章的意義在於鼓勵諮商師勇於面對挑戰，而非抱守殘缺。）

心理諮商小知識

性取向與同性戀

心理學的相關研究發現，和用右手或左手的習慣一樣，性取向是一個連續的過程。從完全的異性戀到完全的同性戀之間，有很廣泛的範圍。只對同性感興趣的被稱為同性戀，只對異性感興趣的被稱為異性戀，那些對同性和異性都感興趣的被稱為雙性戀。

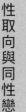

過去認為非異性戀的人存在很嚴重的問題。同性戀者曾被認為在軀體上或心理上有疾病，需要進行治療。一九七三年，美國心理學會改變了這一觀點，認為人們對同性的性偏愛不是心理疾病，而是正常的性行為。同性戀也不像那些醫療機構認為的那樣是一種軀體疾病。

在同性戀被從軀體疾病或心理疾病列表中去除的同時，仍然有一些關於性取向原因的爭論。性取向是先天的還是後天培養的？如果是先天（生理）的，它是由基因決定的，還是受父母影響？事實上，人們都是自由地選擇自己的性取向，也就是說，兩性關係不一定就是男女之間的關係，還有同性之間的關係。其實，這些現象和行為都是可以理解的，重要的是認清自己真實的需求。

❖ 註釋

1 在美國社會中，性取向（Sexual Orientation）泛指一個人對自我性別的重新認識。

2 在美國，許多人介入同性戀，並非意味著最終一定就要成為一個同性戀者。

3 西點軍校（West Point Military Academy）位於紐約州，是美國最著名的軍事院校。

4 美國西點軍校規定，新生入學，除需要滿足學校的各項要求外，還必須有本州兩位聯邦議員的推薦。

5 自我確認（self-identity formation），依照青少年心理學理論，一個人隨著青春期的到來，會對自我產生日益濃厚的興趣。他需要對自我的各個方面建立起一個統一的認識。心理學將這一認識過程稱為自我確認。

6 這裡的「反移情意識」指的是，我可能會依照個人的生活經驗和價值觀來理解同性戀者的心態。

7 這是同性戀組織的標誌，意指在人類的情愛上除了男女兩極之外，還有男男或女女相戀的第三極。

8 見證（witnessing），指一個人信主後得救的經歷。

9「但」字當頭，這裡指不要一遇到困難就說「但是、但是（but, but）」。

10 這句話的英文是：The biggest fear is fear itself.

11 認知領悟療法，源於霍姆（Homme）關於人的內隱行為是人心理的操作者之觀點。而這一療法是由一系列人共同創立的，其要點包括：

A.它十分強調認知過程對人的情緒變化和行為動機的支配作用，主張透過改變案主的認知模式，並輔之以行為療法的技術，來矯正人的不良情緒和行為。這樣，隨著案主認知方式的改變，他的情緒和人格障礙也會隨之得到緩解。

B.雖然認知領悟療法很重視人的認知方式對其心理變態和人格障礙的影響，但它不像精神分析療法那樣，一味追究案主早年生活經歷（主要是指三歲前後）對當前行為的潛意識作用，而主要探討案主當前的認知方式對其行為表現的影響。

C.認知領悟療法很強調案主對自己問題癥結中的非理性、非邏輯觀念的深刻領悟，並以此幫助案主重新認識、評價自我，建立合乎情理的認知模式，擺脫非理性觀念對自我的干擾。

八、我愛上了我的心理諮商師

心理諮商人員應該與案主保持多大距離？這是每個入道心理諮商之人必須認真思考的問題。案主一旦對諮商者產生了特殊好感，該做如何處理？這也是每個心理諮商人員可能面臨的挑戰。

凡是從事心理諮商時間較長的人，都可能遇到這樣的困惑：一方面，你與案主建立了相當好的諮商關係，使對方的不良情緒與表現有了很大的好轉；但另一方面，案主也可能對你產生日益深重的感情依戀，使你難以維持這種諮商關係。

這種案主對諮商者的感情依戀，可以發生在異性之間，也可以發生在同性之間，其程度之烈，有時可與戀情相比。所以，正確處理案主對諮商者產生的感情依戀，是每個專業心理諮商人員所要經歷的考驗。你是躲不掉的（除非立刻中止這一諮商關係），唯有迎難而上，積極化解，才能使你們雙方都經受住這場考驗，取得理想的諮商成效。

我就經歷過這樣一場特殊的考驗。

移情反應

佩馨是新加坡華人，在哈佛大學攻讀碩士學位。她初來哈佛大學時舉目無親，學習緊張，很快就出現了種種身心不適症狀，如失眠、食量減少、注意力不集中等，因而被介紹到我們這裡來接受諮商。由於語言相通，又同為外國留學生，所以佩馨與我很快就建立了良好的諮商關係。

起初，我們談話的內容完全圍繞著怎麼幫助她適應哈佛大學的學習與生活壓力。我也與她談了初來美國留學時所經歷的適應困難及積累的學習經驗，還為了幫助她克服學習困難，聯絡不同的學習輔導機構。結果，佩馨的學習壓力得到了很大的緩解，生活也規律起來。

就在我為佩馨的進步感到欣慰不已的時候，我面臨了從事心理諮商以來最嚴峻的考驗——佩馨對我產生了強烈的移情[1]反應。

起初，我不斷暗示佩馨，我們的會面可以到此結束了，她卻一再表示想繼續與我會面，以進一步鞏固她的情緒好轉。我同意了她的要求，然而我們談論的話題愈來愈由她的生活轉向我的生活。她對我在中國的生活經歷興趣十足，不斷詢問我成長過程中的各種有趣經歷。當我告訴她這些事情與諮商沒有直接關係時，她總是說：「我就是羨慕你們中國成長的人嘛，有那麼多生活閱歷，不像我們在新加坡長大的人，生活圈子那麼小，什麼都講不出來。」

還強調說，她很想把我講的故事寫下來發表，一定會有人感興趣的，所以我一直以為她只是想做個業餘作家而已。但事情並不像我想的那麼簡單，接下來，我注意到佩馨來見我時都會刻意打扮一番。她初來時，並不化妝，衣服穿得很隨意，頭髮也十分蓬亂，好像剛起床的樣子。她常說自己現在忙得連刷牙的時間都快要被擠掉了，哪還有時間去做其他的事情。但這兩次來似乎都精心化妝過，嘴唇抹得紅紅的，雙眉描得又細又長，再配上合身的時裝，像在向我展示女性的魅力。

佩馨也很在意我怎樣看待她的裝扮。一次，我看她進門的樣子很「搶眼」，就恭維了一句：「妳今天的穿戴真是不同尋常啊。」她臉上頓時掠過一陣紅暈，一定要我說清楚不同尋常在何處。慢慢地，我感到她與我談話的口吻愈來愈不對勁，眼神也愈來愈熱切。

我不知道該怎麼維持這個諮商關係，把這一切感覺講給督導聽。看著我一臉沉重的樣子，他開玩笑說：「祝賀你啊，曉東。」

「有什麼好祝賀的？」我納悶地問。

「你終於開始接受案主對你的移情考驗啦。」

「什麼意思？」

「我是說，你現在面臨的問題，已不再是怎樣幫助佩馨適應在哈佛的學習生活了，而是怎樣在不傷害她自尊心的前提下，結束你們的諮商關係。」接著，督導告訴我，案主對諮商者產生感情依戀，是心理諮商中常有的事，也是對諮商者個人操守和諮商技巧的考驗。由此，我應該多和佩馨討論這段時間以來我對她的幫助及怎麼將這種幫助內化[2]為一種個人成長的動力。也就是說，我現在面臨的挑戰，是努力使她將對我的感情依戀轉變為對她自我的鞭策，從而昇華[3]我對她幫助的實際意義，以逐漸拉開我們之間的距離，使她對我不再存有任何浪漫的幻想。

末了，督導還提醒我，佩馨很有可能會在我面前表露心意並提出約會的要求。「佩馨會對你朝思暮想，」督導意味深長地說，「如果你要使她不再想你，就得想辦法使她把你的形象昇華為一種克服困難的動力。這就要看你怎麼在你們之間保持最好的距離了。」

「唉，」我歎口氣說，「做心理諮商還會惹火焚身啊。」

「常有的事啊，」督導笑著說，「但既然已經『著火』了，就要想方設法去滅火。你知道手中的滅火器是什麼嗎？」

「是什麼？」

「她對你的尊重。」

「噢，怎麼解釋？」我眼睛一亮。

「因為主動權在你手裡啊。」

我細細地品味著督導的話。

諮商者與案主間的距離

不出督導所料，佩馨在後來一次會面中，不經意地大談她將要與朋友們參加一個週末郊遊，好好放鬆一下近來緊張的情緒。說完就不再說話，面露羞色。

「妳是不是想邀我參加你們的郊遊？」我單刀直入地問。

佩馨的臉馬上漲得通紅，眼睛裡充滿了羞澀的神態，小心翼翼地問我：「行嗎？」

回想這幾次會面中她表現的忸怩神態，我不得不接受最壞的設想——案主迷上諮商者。這一個心理諮商行業的古老故事，今日也發生在我身上了。我一字一句地對佩馨說：

「我很感謝妳的好意，但我不能去。因為我們現在的這種關係，最適合我對妳的幫助。」

「為什麼呢？」佩馨一臉失望地望著我。

「因為心理諮商關係不同於一般的朋友關係，十分強調諮商人員對案主保持中立態度及客觀立場。一旦與對方走得太近，諮商者將會失去對案主問題的觀察力。所以心理諮商關係需要保持一段距離。」

「那我結束了心理諮商之後，還能與你交朋友嗎？」佩馨不甘心地問。

我沒有正面回答她的提問，而是反問她：「妳為什麼想與我交朋友呢？」

「因為我喜歡聽你講話。說實話，這兩個月來，我每天都在想你說過的話。我很想保持我們現在的這種來往，我可以從你身上吸收到許多寶貴的東西。」正當我要說話時，佩馨馬上又說：「請你千萬不要誤會我的意思，我想約你絕無他意。我瞭解到你已經結了婚，也有了可愛的孩子，我無意破壞你的家庭幸福。只是從你身上看到了我所追求的那種男孩子的氣質──聰明、幽默、溫文爾雅、吃苦耐勞、善解人意。」

「感謝妳這樣看重我，但我未必像妳想的那般完美。」

「不，」佩馨打斷我的話說，「我曾經愛上一個與你性格、習性很相像的男人，可惜他還是被另一個女人給搶走了。你的出現使我再次想起了他，也勾起了許多痛苦的回憶。直到今天，我只愛過他一個人……」說到這，佩馨把臉撇向另一方，眼神裡流露出無盡的傷感。

沉默了一陣子後，我開口說：「我很抱歉得知妳曾經這樣失戀過，我也可以理解妳此刻的心情，但做心理諮商的人很忌諱與案主有深入交往。如果那樣發展下去，勢必會使彼此都感覺不自然。」

「有什麼不自然的，不就是與大家在一起開心嗎？又不是兩個人單獨約會。你要是願意，也可帶你太太啊。」說完佩馨向我眨了眨左眼。

她的話逗笑了我，我還是客氣地說：「佩馨，謝謝妳的好意，但我真的不能去，請妳原諒。」

聽完我的話，佩馨把頭撇向一邊，臉上的笑容一掃而光，不再出聲。沉默了一陣子，她轉過頭來對我說：「你不想去，我當然不能勉強你。說實話，我以前也從來沒這樣求過人。我也說不清這到底是為了什麼？但每次來見你都感到很興奮。我已經好久沒有這種感覺了。雖然我們的會面不是約會，也從未有過任何浪漫的情調，但不知怎麼的，我把與你的會面當作支撐我在哈佛生活的精神支柱。我能上哈佛是因為我在學校教書教得很出色，但我為此付出了很大的犧牲和代價。靜下來的時候，多麼希望有人關心我、理解我，而這正是你在這段時間內給予我的。有了我們的會面，我不再孤獨，也不再感到生活是那麼枯燥，所以，我……」說著，佩馨的眼睛有些溼潤。

我連忙遞上面紙盒。她抽了兩張說：「不好意思講了這些話，但我憋了好久了，就讓我說個痛快吧。」說完，她又把頭撇向一邊，鼻子一抽一抽的。

佩馨終於說了心裡話。這樣也好，省得我們兩人相互打太極拳，很辛苦。我竭力去理解她此刻的心境，相信她說的都是實話，她迷戀我是因為我很能夠理解她，特別是在她生活壓力最大、感情最脆弱的時刻，我給予她最需要的理解與支持，她自然對我產生了特殊的好感。更重要的是，我的出現使她想起了昔日戀人，這為我們的諮商關係增添了一層神祕的色彩。所以，她對我的感情迷戀是完全自然的反應；問題是，我應該怎樣將她對我的這種感情迷戀轉化為一種自我的激勵和動力。

想到這裡，我對佩馨說：「聽了妳剛才講的心裡話，我很感激妳的誠意。我相信妳是一個很能幹的人。妳能來哈佛求學就已經充分證明了這一點。現在妳能夠很快克服當前的困難，適應這裡的生活，更證明了妳的能力。妳真是個superwoman。」

聽到這裡，佩馨噗哧笑了出來，轉過頭來對我說：「我已經那麼難受了，你還來取笑我。說實話，你才是真正的superman呢。」

「不，不。我是說，妳的的確確是一個很有本事的人。」我也笑著說，「在過去的兩個月中，我對妳最大的幫助是使妳恢復了自信。在這當中，我對妳的處境表現出很大的理解，這是我應該做的。我也理解妳想與我保持聯絡、建立友誼的心情。說實話，我當然希望妳生活得更愉快，但是我們現在的關係狀態是諮商關係的最佳狀態，任何進一步的發展都可能會令我們彼此感到不自然、不舒服。真的，妳好好想一想，如果我們像情人那樣約會，我講話妳還會聽嗎？妳講什麼我還會那麼客觀對待嗎？」

「誰說要做你的情人？你別想得太美啦！」佩馨打斷我的話，我們兩人都不好意思地笑了。待靜下來，我繼續說：「對不起啊，佩馨，剛才我真是用詞不當，讓妳見笑了。但是，諮商者與案主之間的關係，在一定程度上就好比師生關係。如果師生關係太近了，老師在為學生打分數時，就不免受情面與私心影響，學生與老師的接觸也不容易知深淺，妳說是不是？」

佩馨輕輕地點了點頭。

「所以，我十分珍惜妳對我的信任與尊重，也覺得我們現在的關係狀態最有利於諮商的進展，這對我們雙方都是一樣的。妳知道嗎，拿破崙曾說過一句名言：『偉大和荒謬之間只差一步。』妳細細體會這句話的道理。」說完我不再說話。

過了一陣子，佩馨開口說：「請原諒我剛才使你為難了，我明白你的意思，我也知道自己該怎麼做了。」

我滿意地點了點頭。

接著她又說：「我感謝你坦誠地向我講明這一切。我現在明白了，我對你只不過有一種好奇和好感，沒有什麼其他意思。但和你接觸，我真的明白了許多人生的道理。」

「我也是一樣的，我也從妳身上學到了不少東西，真的。」我接過話說。

說完，我們又都笑了。

諮商者是超人還是助手？

在此之後，我只與佩馨會面了一次。那一次她來見我，不再濃妝豔抹，衣著也十分樸素。我們討論的話題又由我的故事轉回了她的故事。我們討論了兩個重點問題：一是此次戰勝困難的經歷對佩馨的個人成長有什麼啟發，二是我做為一個諮商者應該在佩馨的心中留下什麼印象。

對於第一個問題，佩馨認識到，任何生活的挫折都可能是一次自我成長的大好契機。而這次成功地克服了在哈佛的學習、生活困難，使她變得更堅強，更具有生存與適應能力。對於第二個問題，佩馨認識到，我做為一個諮商人員，留給她的印象不應是「超人」形象，而應是得力助手。透過我對她的理解與支持，她看到了自己的潛力，並加以充分開發和利用，終於克服當前的困難。透過這些討論，佩馨不再說我在關鍵時刻解救了她，而是說我在關鍵時刻協助了她。

由此，我們在一派平和的氣氛中結束了我們的諮商關係。

透過這件事情，我更認識到案主對諮商人員的感情依戀不過是一隻紙老虎，看上去十分可怕，但實際上並非那麼難處理。畢竟諮商人員有很大的主動權，只要對案主坦誠相待，說明道理，就可以維持心理諮商的順利進展。

當我向督導彙報完這一切，他與我互擊了一下手掌，說：「祝賀你啊，曉東，你處理得恰到好處，真的很成功。」

【個案分析】

▼1 心理諮商的魅力有時會成為負擔——心理諮商蜜月期

在心理諮商中，案主對諮商者產生特殊的好感，做出某些情不自禁的暗示，是心理諮商人員遲早要面臨的考驗。其處理妥善與否，不僅影響心理諮商的順利進展，也影響人們對整個心理諮商的評價。

案主之所以對諮商者產生特殊好感，主要因為後者在前者頭腦混亂、情緒低落之際，給了對方由衷的理解和支持。這種心理安慰與精神支持，很容易使案主神化諮商者的形象和作用，把對方看作智慧和溫暖的化身。此外，心理諮商非常強調同感、尊重與耐心等要素的表現，心理諮商的專業訓練和實踐過程，也使諮商者變得待人誠懇、善解人意。應該說，這種表現對於那些受過感情、心靈創傷的人來說很有吸引力。

在諮商談話中，言者聲淚俱下，聞者深表理解。不需多久，訴苦人就可能會喜歡上聽話人，因為此時此刻，聽話人懂得如何關心對方、尊重對方、理解對方。而當案主與諮商者年齡相仿，更容易使前者對後者產生種種浪漫幻想。這就是心理諮商中的蜜月期效應，既凸顯了心理諮商神奇的魅力，也可能成為負擔。

2 如何處理好案主對諮商者的感情依戀——距離產生美

在心理諮商過程中，案主將諮商者當作感情依戀的對象，久久不能平靜，這對心理諮商來說既是機遇也是挑戰。從精神分析的理論來說，移情是諮商中的必要環節。如何把握移情的分寸則顯得十分重要。

對此，心理諮商人員要保持頭腦清醒、心情平靜，適當延長心理諮商的收尾[4]時間，使案主情緒得以緩衝，讓移情體驗漸漸冷卻下來，並把這種對諮商者的感情依戀內化成對自我的關懷、認同與成長激勵。所以在處理佩馨對我的移情反應上，我尤其注意不要傷了她的自尊心，並使她明白我不能接受她邀請的理由和目的。這樣做，不但堅持了自己的立場，與她保持一定的距離，也使她得到了應有的尊重，心悅誠服地接受了我的解釋。

在最後的會面中，我還著重請佩馨談了對接受我的心理諮商的收穫和體會，促使她更好地內化了我對她的幫助。另外，我不再向她講述有關我個人的生活經歷和現狀，也是想使我們之間保持一定的距離。我不希望她把我看成一個無話不談的親密朋友，因為我們畢竟不是一般場合下的朋友關係，而是正式場合下的諮商關係。

總之，心理諮商關係中需要有一種「距離美[5]」。

只有那樣才能使諮商者與案主之間保持相互尊重、相互信任的關係。兩者一旦發生親密關係，就如同律師與受託人發生戀情一樣，會使律師的信譽和判斷力受到嚴重的非議與挑戰，也會使打贏官司的機會大打折扣。保持心理諮商中的「距離美」，是避免和處理案主產生感情依戀的關鍵。

【諮商話外音】

▼1 心理諮商人員要有高度的職業自律精神

從事心理諮商的人員一定要有高度的職業自律精神，不可乘人之危，滿足私欲。這不僅是心理諮商行業的基本要求，也是做人的基本準則。

布洛伊爾是維也納的著名醫師，曾對如何用催眠術解除人的精神積淤這一問題深感興趣，並用催眠術治癒一位歇斯底里症女性患者。就在他為自己的巨大成功沾沾自喜時，該患者突然聲稱在夢中懷了他的孩子，並對他表現得更加親密。布洛伊爾對這種愛欲的潛意識表現深感恐慌，立刻停止為她治療，拉著太太出國旅行，度婚後的第二次蜜月。

因為布洛伊爾要維護他的職業聲譽，職業自律使他過早地退出了對催眠術的研究，這對他的事業發展來講是很可惜的。所幸的是，他的好友佛洛伊德繼續了他的研究，並把此個案做為精神分析史上第一個移情個案來加以介紹。

布洛伊爾過早退出他對那位女患者的治療，對於患者和他來說都是一個很大的損失。但他的自律精神是值得稱頌的。

美國心理學會早在二十世紀七〇年代就對心理諮商人員的職業道德和自律做出了種種明確規定，並設立專門委員會來監督並處理這方面的投訴。心理諮商在許國家尚屬起步階段，監督、管理制度應該受到高度重視。

心理諮商也需加強職業化、專業化的建設，它是助人的職業，不是坑人的行業。

▼2 心理諮商關係處理不妥的兩個教訓

心理諮商關係處理不妥，可能會為諮商者和案主雙方帶來巨大的危害。以下舉兩個例子。

史密斯博士是麻州心理諮商界的知名人士。他早年畢業於哈佛大學心理學系，多年來一直從事家庭諮商的研究與輔導，發展出自己的一套理論。然而，正當他的事業蓬勃發展、如日中天時，突然有一位女士到法院控告他趁她失婚情亂、接受他的心理諮商之際，主動約會她，並發生性關係，使她的情緒更受困擾，所以要求經濟賠償。

此後，又有幾個自稱接受過史密斯諮商的女士也站出來，控告他在諮商中毛手毛腳。這一系列控告使得他防不勝防，最後不得不關閉心理診所，由其律師出面周旋，給每個控告人一筆賠款了事。

美國心理學會得知此事後，做了專門調查，最後吊銷了史密斯的專業執照[6]，使他不得再從事心理諮商。

瓊安娜女士是波士頓一位頗有名氣的心理醫師，她給一名患有抑鬱症的男大學生諮商時，對他產生了強烈的反移情，[7]反應，用暗示手段使該男生退縮到兒童時期，把她當作母親來看待，以滿足她對成人扮演兒童角色的好奇。後來，該學生不堪忍受這種治療方式所帶來的精神痛苦，對生活徹底絕望了，最終自殺身亡。

當該學生的父母在他的日記中發現瓊安娜的特殊治療方法對兒子帶來的精神困擾時，就到法院控告她治療不當，致使兒子自殺身亡，並索求巨額賠款。此官司曾在美國轟動一時，引起了媒體與公眾的廣泛關注。結果，瓊安娜女士雖然沒有賠款給學生家屬，卻被永遠逐出心理治療的行業。

史密斯和瓊安娜兩人都犯了同樣的錯誤，就是不能正確處理案主和自己之間強烈的移情、反移情表現，或乘人之危滿足私欲，或不計後果追求個人虛榮心的滿足。結果使案主已經混亂的心靈再受創傷，也為他們的事業發展帶來滅頂之災。所以心理諮商人員當自律自制、自尊自愛，不然可能會為工作中的疏忽和放縱，付出慘重的代價。

而且，心理諮商的聖潔性不容玷汙！

心理諮商小知識

精神分析的第一個個案

心理治療做為一種治療手段是自古就有的，但完整地記述心理治療的療程卻是十九世紀的事。人們普遍認為，心理諮商的第一個個案是由佛洛伊德於一八九三年和好友布洛伊爾合寫的，但其治療卻是布洛伊爾於一八八〇年做的。他當年用催眠暗示的方法，為一個化名為Anna.O的女病人治癒歇斯底里症。後來，由於該病人聲稱在夢中懷了他的孩子，並對他表現親暱，布洛伊爾中止了對她的治療，並漸漸退出催眠暗示的研究。所幸佛洛伊德繼承了他的研究，並由此創立了「精神分析學說」。那個化名為Anna.O的病人，後來成了德國女權主義與社會工作運動的領袖，她的真名叫柏莎．帕潘海姆（Bertha Pappenheim）。

❖ 註釋

1 移情（transference），泛指案主對諮商者所產生一種潛意識的愛與憎的情緒體驗。換句話說，案主會在無意識中將諮商者當作自己愛過或恨過之人的替身。而按照佛洛伊德的觀點，對移情和阻抗的認識及化解是精神分析的兩大核心任務。

2 內化（internalization），指案主認同或接受諮商者所講的話，並把它當作自我成長的一種內趨力。

3 昇華（sublimation），指人將壓抑於潛意識中的本能衝動在轉向社會許可活動中所獲得的精神滿足。

4 收尾（termination），指心理諮商過程的最後步驟，其探討的焦點在於怎樣內化諮商者對案主人格成長的幫助，並反省各自在諮商中的收穫與得失。

5「距離產生美」是一個美學原理，在二十世紀初由瑞士心理學家、美學家布洛（Edward Baough）在《心理距離》一書中首次提出。

6 在美國，心理醫師必須考取美國心理學會頒發的專業執照才能獨立開業，否則只能在有專業執照人的心理診所中工作。

7 反移情（counter-transference），泛指諮商者對案主所產生一種潛意識的愛與憎的情緒體驗。換言之，當案主的某種相貌、性格特點或生活經歷等使諮商者想起以往生活中的某個人或事件時，後者可能會對前者做出某種超乎尋常的愛與憎的情緒反應。

九、我們該離婚嗎？

婚姻諮商是心理諮商的一大服務專案。心理諮商人員應採取什麼立場？推動案主思考什麼問題？最終達到什麼目的？以上都是婚姻諮商中的常見問題。

衛紅是哈佛大學的研究生，她的丈夫志剛半年前以陪讀身分來美探親，來了之後一直賦閒在家，雖也偶爾出外打工，卻總不能持久，而且脾氣愈來愈壞，衛紅對他也愈來愈失望。

他們未聚則苦思，相聚則苦鬥。兩人是大學同學，衛紅學英語，志剛學政經，性情相投，容貌相配，上大三時熱戀，是校園裡公認的才子佳人，畢業後即結婚。

衛紅的大學同學一個個都出了國，只有自己堅守崗位。大學四年中，她的學習成績一向名列前茅，不甘心在這件事情上落後他人；所以她計畫與志剛一起出國留學，但志剛卻不怎麼熱衷，想在中國做一番事業，他認為出國未必就有本事，留在國內未必沒出息。

志剛出身於高幹家庭，有廣泛的社會關係，辦什麼事都很方便，他不願放棄這片大好的「根據地」。無奈之中，衛紅開始單獨聯繫出國事宜，結果很快被美國中部的一所州立大學錄取，可以攻讀英語教學法碩士學位，並得到全額獎學金。她懷著興奮的心情將此喜訊告訴志剛，志剛卻冷冷地說：「不是說好不出國了嗎？」

「我們班上的人差不多都走光了，我學英語這麼多年，難道就不該出去見一見世面，你也替我想一想呀。」衛紅噘著嘴說。

「妳可以等公派的機會嘛。」志剛答道。

「公派？算了吧，還不知要等到何年何月呢。」衛紅苦笑著說。志剛皺著眉頭，什麼都沒說。衛紅用手指著錄取信說：「是全額獎學金，不去白不去。」

兩家人一起商量此事，最後決定放衛紅出國，學畢即歸。志剛的家人還提到他們兩人年紀都不小了，可以開始考慮生孩子的事。

衛紅出國那天，志剛去機場送行，兩人很傷感，他們自大學成為同學以來，從未這樣分離過。當衛紅含著熱淚，一步三回頭地告別志剛時，心裡閃過一種前所未有的失落感。她不知道隨著即將起飛的波音七四七班機飛向大洋彼岸，生活會有什麼變化。她還想到了前不久墮胎的事情，如果這件事讓志剛家人知道，他們肯定會極力反對她即刻出國。畢竟志剛父親已是七旬之人，家中有了兩個外孫女，就等著抱孫子。

在這關鍵時刻，志剛義無反顧地支持了她。旅途中，衛紅將這一切感受都記在日記本上，甚至有點後悔一個人出來留學。

* * *

衛紅到了大洋彼岸後，很快適應了異域的生活，學習也再現當年輝煌。她感到自己的青春活力重新煥發，利用課餘時間跑了不少地方，也愈來愈喜歡這片土地。更重要的是她已經不滿足於只獲取碩士學位就了事，要向博士學位挺進，而且要向名校挺進。

她開始申請哈佛、史丹佛、普林斯頓、哥倫比亞等大學，居然如願以償地被哈佛大學錄取了。衛紅接到哈佛大學的錄取通知書那天，興奮得哭了。她沒有想到自己的運氣會這麼好，立即打電話給志剛。

「我被哈佛大學錄取啦！」衛紅對著電話筒興奮地喊道，但話筒那端卻是沉默。

「喂，喂，志剛，你聽見了沒有？」衛紅尖聲叫道。

「聽見了，可是妳叫我怎麼辦？」話筒裡終於傳來志剛有氣無力的回答。

「來美國吧，我會帶你去逛紐約、華盛頓、大西洋賭城、迪士尼樂園，你難道不想出來見一見世面嗎？」

「唉，可是妳叫我怎麼對父母交代，我爸爸前兩天還問起妳什麼時候回來。」

衛紅不再激動了，頓了一下，她接著說：「志剛，你一向是很有闖勁的，怎麼在出國這件事情上變得縮手縮腳？」

「闖勁不一定要用在出國嘛！」志剛的聲音開始變大，「我正與幾個兄弟討論合資經商，連地方都找好了，就等著妳回來一起努力了。妳的英文可以派上大用場，妳說，叫我怎麼向那幾個兄弟交代啊？」

兩人都不再說話。這時，也在電話旁的衛紅的父親接過電話說：「你們不要這麼浪費錢，還是讓我們先坐下來商量一下，然後再給妳回覆，好不好？」

「不行，」衛紅斬釘截鐵地答道，「依照美國大學的規定，如果我不在他們發出信後十五天內答覆校方，就算自動放棄獎學金。」

「唉，這麼大的事情，怎麼可以讓人立即就答覆妳。妳跟志剛也是有約在先的，現在改變也要有個商量過程嘛。」衛紅的父親很為難。

「我也是今天才得知消息的，而且這是哈佛呀！」衛紅不滿父親不替她說話。

「那妳應該早點把想法告訴大家，讓我們也有個心理準備，妳做事總是愛給大家來個突然襲擊……」

這時，志剛接過電話說，讓他回家再做商量，並約好第二天再打電話。

之後的事情就不必多言了，志剛辭了工作，來美國陪讀。他們終於團聚了，然而昔日的激情卻不再，彼此愈來愈感陌生，愈來愈少共同語言，由小吵到大吵，由當初的異床同夢到如今的同床異夢，不過是半年多的時間。衛紅和志剛都苦惱萬分，「離婚」這兩個字開始常常掛在他們嘴邊。

常人對心理諮商的誤解

認識衛紅是透過我的妻子，她們結識於哈佛燕京學社舉辦的一次文學研討會上。志剛來波士頓那天，衛紅打電話請我開車到機場接人。之後，他們又邀請我們聚會了一次，當時志剛還向我詢問了一些有關申請學校和打工的事情。我對他們的印象蠻不錯的。

半年後的一天，衛紅忽然打來電話，問可不可以與我單獨談一談。

「可以知道談什麼嗎？」我謹慎地問。

「是關於我和志剛的事情，反正一句話說不清楚。我知道你是學心理學的，也許你能幫助我理一理思緒，我實在撐不下去了。」衛紅答道。

第二天，衛紅來到我的辦公室，坐定之後就對我說：「希望你能保密我在這裡講的一切。」

「那當然了，這是我們這一行最起碼的要求，也包括對我的家人。」

衛紅會心一笑，接著就講述了自志剛來美之後發生的一系列爭執與衝突，概括起來主要有三個方面：

第一，對今後發展去向的衝突。志剛雖然人在美國，心裡卻念念不忘那幾個兄弟的事，他們已經在中國正式註冊成立公司，並來信邀他回去掌舵。志剛出國前曾告訴他們，此次來美國也是為了探測一下市場行情。志剛說他從未想過要留在美國，儘管衛紅不只一次暗示過他。

第二，志剛現在出外打工，做的都是零工粗活。這與志剛原來在中國做的工作極為不匹配。志剛常抱怨，這樣待下去很快就會變成一個廢人。而對於衛紅一再要他也上學的請求，志剛卻始終無動於衷，他說：「我已經學不動了，而且我本來就不是一個做學問的人。」

第三，關於他們計畫生育的事宜。這是志剛家人的一樁心頭大事，而衛紅卻明言起碼還要再等五年。儘管志剛也不是立即就想要孩子，但不滿衛紅一再地搪塞他。可是衛紅又能承諾什麼呢？拿了博士學位之後還要找工作，找到工作之後又要過tenure（終身教職關），那根本就不是五年的事。

志剛每天嚷著要回國，自言受不了在這裡當「人下人」的日子，要回國當「人上人」；然而他們兩人心裡都很清楚，志剛一旦回國意味著他們的婚姻必將結束。他們曾有過一個美好的家，共同的夢想，但現在生活在不同的世界中，連睡覺都分床。

「難道我們的緣分就到此為止了嗎？」衛紅問我。

我沒有出聲，等她答覆自己。

「我不明白想多讀書有什麼錯？難道我一定要拿我的婚姻去換哈佛的博士學位嗎？難道我們有各自的事業就不可以有共同的家庭嗎？難道我出國留學就是為了尋找新的情感歸宿嗎？」

我依然雙眼注視著衛紅，等待她答覆自己。面對我的注視，衛紅略有些不好意思。她問我：「你平時不是挺健談的？怎麼今天變得這麼深沉？」

「我是在認真思考妳提出的每個問題，我很想知道妳是怎麼想的？」

「我正是因為想不清楚才來找你，如果我自己想得清楚，幹嘛還來找你？」衛紅也直視著我。

「妳是要我告訴妳現在該怎麼辦？」

「這難道不是你們心理諮商人員該做的事嗎？」

「妳覺得我有能力給妳指點迷津嗎？」

「那你們做心理諮商的人到底怎麼幫助人？」衛紅有些不高興了。

頓了一下，她又說：「你看，我已經講了大半天的話，可你除了講幾句同情性、理解性的話外，什麼好話都沒講出來。這完全不像上次你陪我去機場接志剛時的那個樣子，一路上談笑風生，講了那麼多有生活智慧的話，使我很受啟發。我這次來找你，還以為你會接著開導我呢！」

衛紅的話代表常人對心理諮商的誤解，以為心理諮商只是為人出謀劃策、指點迷津。他們沒有想到這正是心理諮商的大忌。

我對她說：「衛紅，我很理解妳此刻的心情。妳是希望我能直接了當地告訴妳該怎麼處理與志剛的關係。如果我們是在另一個場合談論這件事，也許我會更加直接一些；但現在我們是在諮商室裡談這件事情，而心理諮商的首要原則就是不要替人做主，所以我希望能與妳多做探討，少做指教；我也希望我是在幫妳拿主意，而不是在替妳拿主意。這就是心理諮商與一般生活諮商的不同之處。所以說，我不能直接回答妳提出的問題。」

衛紅聽後，先是點點頭，後又搖搖頭。

「妳有什麼疑問？」

「我不習慣你現在的講話方式。」衛紅乾笑著說。

「Yes，因為我們現在不是隨便聊天，而在進行很認真的心理探索。」

接著，我向衛紅講解了心理諮商的一些基本原則和方法，並建議我們先見六次面。

為滿足衛紅的迫切心情，我答應她每週安排兩次會面。臨出門的時候，她還不放心地交代說：「你可千萬別讓志剛知道我來找過你，不然他會多心的。」

「放心好了。」我應聲道，心裡琢磨著她這句話的意思。

勸和，還是勸散？

過了兩天，衛紅再來見我。她一臉倦容，眼眶黑黑的。

「我愈來愈感到我們的緣分盡了。」

「嗯哼。」我應了聲，示意她接著講下去。

「上次來見你，我沒有告訴你一件事，就是志剛已變得愈來愈狹隘了，他很介意我與其他男人來往。這段日子，他做了好幾件極其無聊的事情，傷透了我的心。」衛紅的聲音有些哽咽。

「看來事態愈來愈嚴重啊。」我評論說。

「是啊，志剛變得簡直讓我快認不出了。」

「志剛究竟做了什麼使妳傷心的事情？」

「唉，上個星期，他趁我上課之際，把家裡的東西全翻了一遍，找出所有人給我的信，一一翻看。有幾封信是我大學同學的來信，其中有一個男生以前追過我。他現在正在西北大學的凱洛格商學院攻讀ＭＢＡ。我曾與他聯絡，為的是替志剛瞭解申請到他那裡上學的事情。可是志剛看了這封信卻醋意大發，說我們舊情復燃，還揚言要打電話警告他。說實話，當初那個男生追我時，我並沒有隱瞞志剛。志剛還讓我自己選擇，顯得十分大度。怎麼現在變得這麼蠻不講理？我這也是為他好啊。他在美國拿個ＭＢＡ，回去辦公司也多一份資本，他怎麼這麼不明事理。」

「志剛誤會了妳的苦心，妳感到很傷心。」

「還有呢，我這學期選修了一門研究方法的課程。為了完成一份作業，我要分別採訪二十名美國學生，二十名中國學生，比較他們在學習動機上的差異。其中有些人是透過朋友介紹認識的，我一下子聯繫不上，就分別給他們在電話上留了言。結果人家回電話時，志剛都沒有好氣，特別是對中國的男同學，更嚴加盤問。使人家都不敢與我聯絡了，實在太生氣了。」衛紅的臉開始有些漲紅。

「所以妳很氣志剛這樣影響妳的學業。」

「有時候我上課回來晚了，他也不高興。怪我從中國雇他來伺候我，當我的保鏢、管家、傭人、信差。他能一天到晚坐在電視機前看電視，就不能自己做頓飯？他也不是不會做飯。」

「所以妳希望志剛能多分擔妳的壓力。」

「對呀！什麼是家，不就是夫妻共同分擔責任？你說是不是？」

「妳對家的理解很實際啊。」

「我能不實際嗎？這又不是在談戀愛。說實話，早知志剛是這個樣子，我絕對不會讓他來美國的。現在他來了，我們兩個人都活得很辛苦。」衛紅滔滔不絕地抱怨著。

等衛紅停下來，我問她：「志剛變化這麼大，使妳感到難以再共同生活下去，那妳覺得自己又有什麼變化呢？」

「我……我承認我也變了，用志剛的話來講，我變得更冷漠、更書呆子氣、更在乎名利，更沒有女人味了。」

「那妳怎麼看待志剛對妳的這些指控？」

「我承認志剛講的這一切都是事實，我是不像以前那麼純情可愛、溫柔體貼，但這是一個競爭的社會，我要讀書又要寫作業，要打工又要爭取獎學金，現在還要操心志剛，我能不變嗎？」

我點一點頭說：「是啊，妳是活得很辛苦。」

「說實話，在中國讀書，我從小到大都是受寵的對象，可是在這裡讀書有誰寵我？我要在這裡生存下去又有誰來幫助過我？這些苦，我都一個人承擔了，可志剛還是不能理解，還嫌我這也不好，那也不對。我真是……唉……」

我也隨著歎了口氣。

「我就是不明白一點，我來美國不就是為了多讀一點書嗎？難道女人就不能比男人多讀些書嗎？難道女人就一定要做成功男人背後的影子嗎？難道男人就不能屈尊一回嗎？」

衛紅的嘴角一顫一顫的，愈說愈激動。

見此，我插嘴說：「衛紅，我知道妳受了很多委屈。我也認為妳提出的問題都是實實在在的問題。我能理解妳此時的心境，因為……」

「理解有什麼用，我們談了大半天，你都沒有給我提出一個實實在在的建議，我不明白我講這麼多廢話有什麼用？」

「衛紅，妳指望我對妳說些什麼呢？是勸你們和，還是勸你們散？」

「是和是散，是我們自己的事，你就不能提出一些具體的建議來幫助我化解當前的危機嗎？」衛紅兩眼逼視著我。

我感覺到衛紅對我的憤怒，但一點兒都不覺得意外。因為在一定程度上，這是典型的移情表現。也就是說，衛紅將她對志剛的憤怒發洩到我身上來了。而按照精神分析學說，認識和化解這種移情表現是治癒一個人心理困惑的關鍵。我一定在什麼方面使衛紅想起了志剛，才使她產生了這樣的移情反應。

想到這裡，我問衛紅：「我聽得出妳對我有不滿的地方，能告訴我不滿意什麼嗎？」

「我不滿意你總是在迴避矛盾。我來找你是希望你幫我出謀劃策，解決我當前的家庭危機。可是你總是躲躲閃閃，好像怕承擔什麼責任似的。我最討厭那種不敢承擔責任的男人。」衛紅憤憤地說。

「噢，妳說不喜歡不願承擔責任的男人，可否講得具體一些？」我客氣地問。

衛紅略提高嗓音說：「身為一個男人就應該行動果絕、立場分明，才能給女人安全感，要像棵大樹，而不是像根稻草。無論遇到任何困難，男人都應該挺身而出，想辦法加以克服，而不是躲在一旁悲歎自己的不幸與無能，等待女人替他擦屁股。」

「妳覺得我為妳諮商的態度不夠明朗，有點像志剛現在的樣子，是嗎？」

「是的！」衛紅乾脆地說，「其實我早就有這種感覺了，只是礙於面子沒有明講出來。說真的，我不知道我們這樣談下去對我有什麼用處？」

正在此時，我的電話鈴響了，是下一個要見我的人來了，我起身送衛紅出門。臨別時，她對我說：「請你不要介意我今天的直率。我跟你談話，整體的感覺還是很不錯的。我很欣賞你能善解人意的功夫，要是志剛有你四分之一，我們也不至於吵得這麼凶。」

「感謝妳對我的肯定，我會認真思考妳提出的問題。」

自我中心傾向、依賴他人傾向

那天見完衛紅，我耳邊迴響著她說過的話。我能理解她內心的苦衷，但也發現她思想上的兩種傾向：一是自我中心的傾向，二是依賴他人的傾向。做為前一種傾向的表現，衛紅在談話中反覆談的都是「我」的感覺，而很少談到「我們」的感覺。也就是說，衛紅在思考中，沒有充分考慮到志剛的感受和利益，其實，她最初聯繫出國留學及後來聯繫到哈佛讀博士，都是背著志剛做的，這都說明了問題。後一種傾向的表現，衛紅表面上指責志剛沒有勇氣承擔責任，給她大樹的感覺，實際上卻是為自己不敢承擔責任而開脫。這說明她沒有看到自己也存在問題，也沒有足夠的勇氣面對現實。所以，我決定在以後的會面著重與她討論這兩種思想傾向，以期她能更好地認識自我、把握自我，克服當前的危機。

兩天後，衛紅再來見我。她那天遲到了十多分鐘，氣喘吁吁地進了門，抱歉說下課遲了。等她坐下來，我們先聊了些學習上的事情才引入正題。

「妳上次在談話中講，希望我能明確地提一些建議，所以今天想討論兩個我觀察到的問題，希望能幫助妳更好地認清自我，處理好當前的危機。」

「嗯，你說吧。」

「第一個問題是，我發現妳在談話中談了很多妳的苦衷，卻沒怎麼聽到妳講志剛有什麼苦衷。當然，我理解志剛近來的變化令妳很失望，但我想志剛的變化也是有著深刻原因的。妳說呢？」

「志剛當然也感覺很苦。他為了我不惜矇騙家人，犧牲了在中國的事業發展，現在又在打工受苦。我從來沒有說志剛不能吃苦，只是不能理解他為什麼不能更堅強一些，像個男子漢那樣，去承受生活中的種種挫折和磨難，況且我們的生活不可能總是這個樣子吧。」

「衛紅，現在我們是在談志剛的感覺，怎麼又說回妳的感覺了？」

衛紅皺了下眉頭說：「嗯，反正志剛的感覺也很苦，我也說不清。」

「妳與志剛是夫妻，每天都在一起，怎麼可能說不清志剛的感覺呢？」

「我就是講不清嘛，而且我現在跟志剛在一起，都不怎麼說話了，要想聽，你去直接問志剛好了。」衛紅不耐煩地說。

「衛紅，妳不能說清志剛的感覺，不覺得這很說明問題嗎？」

「說明什麼問題？」

「說明你們之間缺乏溝通，說明妳不夠理解志剛。」

「我怎麼不理解志剛，不理解他，我怎麼會與他結婚？」

「那妳又怎麼解釋你們現在面臨的婚姻危機呢？」

「怎麼解釋？是志剛變了，他變得俗氣了、狹隘了，不像以前那樣能理解人，也不像以前那麼有闖勁了。」

「所以妳覺得是志剛的變化造成了你們之間的婚姻危機，是嗎？」

「至少大部分是這樣吧。」

「那妳呢？妳覺得妳的變化占多少比重？」

「我變了什麼？我變來變去不就是為了多讀幾年書，這又有什麼不妥？」

「問題就在這裡了。妳總是強調自己出來讀書是無可非議的。從妳背著志剛聯繫出國留學，到拿到碩士學位後來哈佛讀博士，再到現在讓志剛出來陪讀，妳始終認為自己的所做所為是無可非議的，是可以理解的。所以感覺是志剛影響了妳的學業，妳不覺得在這件事情上，妳為自己想得太多，而為對方想得太少了嗎？」我終於說出了一直想說的話。

衛紅遲疑了一下反問我：「噢，照你這麼說，難道我立即從哈佛退學，隨志剛回國經商，就是多為對方著想了嗎？難道我事事都順著志剛才算是一個好妻子、好女人嗎？難道我結了婚就不可以替自己著想了嗎？」

「我不是那個意思，我只是感到妳與志剛之間很缺乏溝通，某些重大事情的決策上，妳採取了先斬後奏的作法，這樣勢必會影響妳與志剛的感情。妳覺得呢？」

「我承認在出來留學和來哈佛讀博士這兩件事上是先斬後奏了。但我不那麼做，能出來嗎？如果我聽從了志剛的勸告，等候公派機會，恐怕現在還在排隊呢。」

「可惜，妳並沒有坦誠地與志剛講明這一切呀，而是採取了以既成事實的方法來逼志剛接受妳的打算，妳不覺得這麼做有問題嗎？」

「我這是為了讀書呀，又不是為了什麼別的事？」衛紅不甘心地申辯。

「但在夫妻關係上，這又有什麼區別呢？」

衛紅不再說話，眼睛斜望著地毯，過了很長時間才開口說：「你是說，如果我與志剛早講明這一切，志剛或許會支持我？」

「妳說呢？」接著，我又提示她說，「我相信志剛也一定是很出色的。不然，妳不會選擇他做丈夫的，是吧？而現在，你們已變得形同陌路，難道這都是因為志剛不夠理解妳嗎？」

聽了我的話，衛紅說：「志剛近來總是說我太自私了，難道我真的那麼自私嗎？」

「妳好好想一想。不過我想，志剛說這話不會是一點根據都沒有的吧？」

這時候，我們會面的時間又到尾聲了，我起身送衛紅出門。望著她一臉沉思的樣子，我知道她把我的話聽進去了。

面對現實的勇氣

過了三天，衛紅按約再來見我。她一坐定就告訴我，那天與我會面後，她試著與志剛認真地談了兩次話，談到自從衛紅出國以來，他們兩人產生的所有衝突。她首次向志剛承認了在留學的事情上只想著自己，沒為他想太多。志剛也為自己來波士頓以後給她帶來了許多干擾而抱歉。但對於未來的安排，志剛還是堅持要回國發展，他不願這樣在美國混下去，而且他也不主張衛紅為了他就要犧牲在哈佛的學業；所以志剛打算儘早回國，至於以後的事情，只有聽天由命了。衛紅感覺到這是一個很痛苦的決定，卻也無可奈何。

「妳對這次談話感覺怎樣？」我問衛紅。

「我覺得我們終於又可以心平氣和地討論問題了，好久沒有這樣談話了。我感到既高興又悲哀。」

「噢，請妳講得具體些。」我很高興衛紅能與志剛溝通了。

「高興的是，我又可以跟志剛開誠布公地溝通思想了，我終於看到他原來的樣子了；我也感到彼此還是深深愛著對方的。所以，我感謝你在上次談話中那樣尖銳地指出我的問題。」

我點點頭，示意她講下去。

「但傷心的是，我和志剛都明顯感覺到將失去對方，因為我們不再有共同的語言，也不再有共同的夢想，有的只是共同的回憶、共同的無奈。」她抬起頭來，凝視著前方，接著說，「你這幅畫挺有意思的，掛在這兒很合適。」

「合適在哪裡？」

「唉，每個人的婚姻要總是像這幅畫中的兩隻小鳥那樣投機，那樣悠閒自在就好了。我不知道我們倆還會不會回到以前那樣，像這兩隻小鳥似的。」

「是啊，這真是很難說的事。」

衛紅轉過臉說：「我真是感到我與志剛緣分盡了，真的。」

「所以呢？」

「所以志剛要是堅持回國去，我就不再阻攔他了。我會竭力幫助他準備好回國發展所需要的東西，我希望看到他重新振奮起來，而不是現在這個樣子。」

「是的。」我點點頭。

隨後衛紅又說：「但我真是捨不得志剛就這樣退出我的生活。今生今世，我就愛過他一個人，如果真的與他分手，我想我是不會再愛上另外一個人了，真的。」

過了一會兒，我問衛紅：「那妳打算怎麼辦呢？」

「我不知道，我只能跟著感覺走了。也許我從哈佛畢業後會回國工作，但我不知道到那時，我和志剛是不是還能接受彼此。」

「那妳有沒有與志剛談過這些想法？」

「談過，他只是說他已經為我犧牲得夠多了，他也不想讓我為他犧牲什麼，所以只能各行其道了。」

「那妳怎麼看？」

「我也說不清，我什麼都不想失去。如果就這樣與志剛分手，我感到真的欠他很多。」

顯然，衛紅已經意識到我觀察到她的第一個問題，即她的自我中心給志剛帶來了不少傷害。由於她主動向志剛表示了歉意，志剛也轉變了往日的粗暴態度，使他們兩個人的溝通有了很大改進。但對於將來發展，他們仍然難以取得一致的見解。所以此時，我要幫助衛紅的就是讓她能主動承擔責任，而不再迴避矛盾，以助她克服依賴他人的心理，這正是我要與她談的第二個問題。

我對衛紅說：「上次與妳會面，我說要和妳討論兩個問題，還記得嗎？」

「記得啊，實際上我們上次會面只討論了一個問題，另一個問題是什麼呢？」

「那就是我發現妳在談話中，批評志剛在困難前面不夠有勇氣面對現實，卻沒怎麼談到妳自己有沒有勇氣去面對現實。」

「你具體指什麼？」

「我是指，妳在看待你們當前的婚姻危機時，顯得有些患得患失，好像在等待志剛拿主意。」

「怎麼患得患失的？」

「就像妳剛才說的，妳和志剛都感覺會失去對方，你們已不再有共同語言和夢想了，有的只是對往事的回憶。但我看不出妳下一步要採取什麼具體行動。包括來這裡諮商，好像也是期望得到別人能給妳現成的答案。但我不能這麼做，我能做的，就是與妳一起找出這個答案。」

「是啊，」衛紅沉吟了一下，接著說，「我和志剛有過一段刻骨銘心的愛，現在還深愛著對方，要我們就這麼分手，我還是不能接受的，我怎麼能不患得患失呢？」

「所以妳還是在等待。」

「等待什麼？」

「等待別人或時間來替妳做主。」

「我倒想問你，你要是我的話，碰到這麼難的事，該怎麼辦？」

「我想我會像妳一樣感到十分為難，但有一點我是很清楚，就是無論最後結局是和是散，都不可能兩全其美。」

「你還是沒有回答我的問題啊？」

「妳指望我怎麼回答呢？」

一時間，我們兩人都沒有再說話。我想讓她有片刻的思考。

經過一段沉默後，衛紅開口說：「我知道你一直想讓我決定自己的命運，其實我也不是那種患得患失的人。但對於我和志剛的這段婚姻，我總希望會有什麼其他出路。」

「噢，什麼出路呢？」

「例如說，我將來在美國的一所大學教書，而志剛能代表國內的一家什麼外貿公司長駐美國，那樣就還有機會在一起了。」

「妳有沒有與志剛談過這種想法？」

「談過了，但志剛認為這不現實。」

「他怎麼說的？」

「他說，要麼就老老實實在國內待著，要麼就想方設法在美國待下去，不可能夾在中間過日子，做一輩子夾縫人[1]，那樣會活得更辛苦。」

「妳怎麼看志剛說的話？」

「嗯，志剛說的有道理，人不可能既做美國人又做中國人那麼兩全其美。但人總可以儘量揚長避短，找到最佳的生活方式吧。」

「那麼妳認為，何以為長，何以為短呢？」

「這長嘛，人可以腳踏兩艘船，並收中美文化，廣增見識，開闊視野。連志剛也承認，出國不出國，感覺就是不一樣。我出來這些年，感到自己在看問題的方法上有了很大轉變。」

「是嗎？那妳講講看。」

「例如說，我看問題變得更積極、更主動了。在國內，許多事情都要靠上司安排，人活得倒是省心了。在這裡什麼事都得靠自己安排，你不努力是沒人會主動想起的。所以，在美國，人總是生活在危機感當中，不確定什麼時候會出現什麼意外情況。」

「妳說的很有道理，我深有同感。我有個朋友煩透了國內的鐵飯碗，很希望到國外工作，結果很失望。我安慰他說鐵飯碗雖然舉著沉些，但摔下去不會碎；瓷飯碗舉著輕，卻一摔就碎。鐵飯碗也好、瓷飯碗也好，都是一分為二的，別把它們看扁了，沒辦法說哪一種飯碗百分之百好過另一種飯碗，妳覺得呢？」

「對呀，來美國生活，使我真正體驗到鐵飯碗的牢不可破和瓷飯碗的弱不經摔。我有的朋友來了這裡後，還老是懷念國內的鐵飯碗。唉，人活著就是這麼矛盾，有得也有失，有失也有得。」

「是啊，妳說得太對啦，那妳覺得這對於當前的婚姻危機，又有什麼啟發呢？」

衛紅不禁苦笑了幾聲，無奈地搖搖頭，沒有立即作答。

屋子裡頓時又沉靜下來，靜得連門外有人上下樓梯都可以聽得清楚。衛紅耐不住這沉靜，打破沉默說：「你剛才的提問我每天都在想，卻總是想不清楚。」

「怎麼想不清楚？」

「我雖然與志剛吵得這麼凶，但我仍然愛他。」

「妳愛他什麼？」

「我愛他的氣質，我愛他待人誠懇，我愛他很會張羅事情，我愛他儀表堂堂，多了。」

「所以，捨不得他從妳的生活中消失。」

「那當然了。唉，真是太可惜了，志剛現在不能與我同心同德。要不然，我該多滿足啊。」

「那妳有沒有可能與志剛同心同德呢？」

「難啊，要是我順了他，我又不願意犧牲現在的學業和將來的事業發展。可要是滿足了我，又不願勉強他在美國這樣混下去。我們之間的矛盾，不是誰自私誰不自私的問題，也不是誰願意為誰做出犧牲的問題，更不是誰不再愛誰的問題。」

「很好，就照這個思路說下去。」我對衛紅點點頭。

「我真不捨得就這樣失去志剛，他其實對我很好，也為我做出了許多犧牲。唉，天底下這麼大，怎麼就沒有我們婚姻的出路了呢？」衛紅眼睛裡露出憂傷。

我趕緊問：「那有沒有想過什麼具體辦法來調解你們之間的衝突，繼續維持這段婚姻呢？」

「想過了，但實在無法得到共識。」

「主要在哪些方面？」

「主要在將來的發展方向和生孩子。我想留在這裡創業，他想回國發展；我不想在五、六年內要孩子，但他等不了那麼久……唉，我們都談膩，不願再談了。」

「所以呢？」

「只能面對現實了！」

「什麼現實？」

「我們不得不分手的現實。唉，你為什麼老這麼逼問我，我來找你就是想找個旁人討論我們的婚姻還有沒有救。」

「我沒有想逼妳。我想知道妳有沒有與其他人，特別是妳的家人談論過此事？」

「唉，在這裡很難找到個知心朋友，大家不是忙功課就是忙打工。而且就是談是和是散，也是旗幟分明的，不像在你這裡談得這麼深入。」

「那妳家人呢？」

「家人那麼遠，我只是跟他們簡單講了講我們之間的衝突。而且他們是遠水，解不了我們這邊婚姻危機的近渴啊。」

「妳也打算像上次念哈佛那樣，到時候把妳將與志剛分手的決定通知家裡就好？」衛紅沒有吭聲。

「衛紅，妳前面幾次提到，不習慣我對妳講的話不做表態，我現在就表一回態，就是透過我們這段時間的談話，我發現妳在處理問題時有兩個特點：一是凡事先做了再說，二是做事務求盡善盡美。我不能說這兩個特點是好還是不好，我只想說，凡事都有兩面，得中會有失，失中會有得，就像妳剛才講的那樣。但妳在考慮問題時，似乎總是在考慮得，被擋住了視野。」

「你是什麼意思？」

「我的意思是，妳到現在都沒有講出對出國留學之所失的認識。還有，到現在還沒有和家人充分交流妳跟志剛的衝突，好像總是想瞞著什麼，妳是不是擔心跟家人說清楚，他們就可能會站到志剛這邊？但這麼瞞又能瞞多久呢？再來一次先斬後奏，家人會怎麼想？」

「我沒有告訴家人我們的近況，是因為不想讓他們操心。而且人遇到矛盾衝突，都會本能地先考慮自己的利益。」

「這就是了。妳先考慮自己的利益，是只考慮得，不考慮失，還是得失一起考慮呢？」

「那又有什麼不同呢？」

「當然不同了。如果妳在考慮問題時，只考慮得，不考慮失，勢必會出現層層誤差，陷入無窮的被動，妳說是不是？」

衛紅點點頭說：「你剛才說我做事患得患失的，嗯，我現在明白了，你就是指人不能總是只想到得，而一想到失就不能接受，你是不是想讓我看到這一點？」

＊　＊　＊

志剛終於回國，衛紅又可以專心在哈佛的學業了。

對於兩人的未來，他們誰也沒明說什麼，需要時間來冷靜地考慮這一問題。但衛紅不再抱怨志剛無能了，也能夠真正理解他的心思。用衛紅的話來講：「我來美國求學是希望能改變自己的命運。沒想到，我在改變自己命運的同時，命運也在改變著我。」

衛紅還說：「我總算想通了，在我們這場婚姻危機中，不可能有兩全其美的結局。我們想追求各自事業發展，就要承受得了婚姻有可能解體；若想避免家庭解體，就必須彼此做出某種妥協，以換取我們能在一起。所以，我們都需要靜下心來，多反省自己的考慮，多想想對方的處境和心情，也包括長輩的感覺。志剛說我們還是有緣分的，只是這兩年的生活變化太大，使彼此不能再適應對方。但我們本質上還愛著對方，所以沒必要急著決定我們該怎麼辦。我與志剛的緣分盡與未盡，只能讓時間來告訴我們了。」

衛紅與志剛的緣分到底盡了沒有，我不得而知。

但我相信時間一定會給他們一個明確答覆，而無論最終結果如何，衛紅都會變得更成熟而富有自我批評精神。這就是我能幫她的忙。

「我們的緣分盡了嗎？」這個問題只有衛紅自己才能說得清。

【個案分析】

▼1 衛紅的自我中心思想表現在什麼方面——心無靈犀一堵牆

「出國留學何所得？何所失？」想來想去，恐怕也只能得到與衛紅相同的結論：人生有所得也必有所失，有所失也必有所得。

本諮商中，衛紅為了追求更高深的學問及更高學歷，不惜犧牲個人的婚姻。但她沒有認識到自己的責任，把婚姻失敗的原因大多推到志剛身上，埋怨他變得狹隘、懶惰、脾氣暴躁、沒有進取心。殊不知志剛在美國活的是人下人的感覺，處於人生的低潮中，他能有什麼更好的表現？

與此相反，衛紅由出國留學及到哈佛讀博士學位，再造了她人生中的輝煌，一步步都很順利。縱使她要打工掙錢，也只是前進中的暫時困難。哪像志剛那樣夜茫茫不見光明路。衛紅在美國得到了自尊的滿足，而志剛在美國感到的盡是自卑。這正是衛紅忽略的一點。

衛紅百思不解的問題是，自己多讀幾年書有什麼不對。的確，沒有人可以直接說她做得不對，甚至可能還會有人稱頌她這是婦女獨立意識的覺醒。但她沒有充分思考的問題是，事業與家庭的衝突不是一個孰是孰非的問題，而是一個得失平衡的問題。

衛紅不是不關心志剛，也不是不想維持這個家，只是她對志剛的苦衷乃至志剛對她的辱罵已變得麻木了。她與志剛之間已由異床同夢變成同床異夢，再無當初那份心靈相通的感覺，有的只是「誰做誰的奴才」之類的爭吵和埋怨。這絕不只是志剛一個人的問題。可惜，衛紅卻對這一點認識不足。

衛紅對自己的前程義無反顧，志剛也無心耽誤她的前程；志剛不願在美國沉淪下去，誤了自己，衛紅也對此無可奈何。所以他們只能擁有過去，難再擁有未來，這樣的婚姻究竟還能否維持下去？只有看兩人怎麼衡量這一得失關係。

面對他們的婚姻危機，衛紅一直希望志剛改變主意，給她「大樹的感覺」。可是此時此刻，志剛又能拿出什麼令她滿意的主意呢？他為她犧牲的還不夠多嗎？凡此種種，都是衛紅思想中自我中心的表現。

▼2 衛紅依賴他人的心理表現在什麼方面——依賴與自助

衛紅來找我諮商是希望我能像去機場接志剛那樣，在談笑風生中給她許多生活的啟迪。但做為心理諮商人員，我不願充當衛紅的「指路人」，這是與心理諮商「助人自助」

的主旨背道而馳的。

在這種指望落空後，衛紅對我表達了相當不滿的情緒，並在潛意識中把我視為志剛那樣不敢承擔責任、不敢面對現實的人。她的移情表現，說明渴望有人去承擔她的心理壓力，直接了當地為她指點迷津。

衛紅在中國求學，一直是老師心目中的得意門生，使她期望無論在哪裡都有人肯定、欣賞她。後來上班也是一樣，備受重視，自己不需要操心太多。衛紅來美國求學之後，飽受生活的磨練，仍渴望有人寵她，而不要活得這麼辛苦、這麼沉重。因此，衛紅面臨的問題不僅有不再與志剛志同道合的困惑，還有從受寵到失寵、從依賴到獨立這樣一個適應中的失落感。其實，衛紅是具備獨立能力的，她能在美國闖蕩得這麼成功就足以證明這一點，只是她需要時間來逐步調整自我。

面對衛紅的婚姻危機，我做為一個心理諮商人員，不宜直接勸和或勸散，那只是一般朋友之間相互安慰所做的事情，我要做的是幫她解析問題的心理因素，以釐清思路。具體地說，我發現衛紅身上的自我中心表現，嚴重地影響了他們夫妻之間的感情交流，而她卻對此不以為然。她在做自己的事情時敢做敢為，可是碰到觸及個人利益的事情時就變得縮手縮腳，難以決斷，這是因為她在潛意識中過於自戀。由此，我希望透過諮商讓衛紅能認清自身的問題，而不是老為自己的行為辯護。凡此種種，都是她的依賴心結所在。

▼3 衛紅的人格結構中存在什麼問題——兒童式自我與父母式自我間的徘徊

為衛紅的諮商當中，我還發現她人格中的「兒童式自我」和「父母式自我」很不協調。具體地說，衛紅雖然已長大成人，卻仍渴望周圍人都能欣賞她、順從她。一旦這種感覺得不到滿足，就會產生一股強烈的自艾自憐的情緒體驗。特別是在與志剛的關係上，她希望志剛能隨時隨地理解她、支援她，且不夠在乎志剛現在的心境如何，對他很不尊重（例如，志剛當初放衛紅出國、讓她墮胎，又放棄在國內的事業發展出來陪讀，這一系列的讓步看似一種理解和支持，實際上都在遷就衛紅）。這都是她「兒童式自我」的典型表現。

另一方面，衛紅思考問題黑白分明，不夠靈活。她把「多讀幾年書」看成大是大非的問題，而不是得失平衡的問題。由此，衛紅分不清追求真理[2]與生活智慧之間的差別，不能完全體會得失之間的辯證關係（例如，衛紅很長時間內都不能面對到哈佛讀博士與婚姻危機的衝突，因為她不能犧牲其中任何一方）。這又是一種「父母式自我」的典型表現。

衛紅在「兒童式自我」與「父母式自我」之間徘徊，缺乏自主精神和反省意識。在心理學上，這是一種人格缺陷的表現。表面上，衛紅雖然很具衝勁，也很獨立，但內心深處仍想做個受人呵護的小女孩，並易於苛求他人。

針對她的這種「兒童式自我」和「父母式自我」的極端表現，我主要採用了「交互分析療法」（Transactional Analysis Therapy）[3]，力圖幫助她將自我定位在「成人式自我」上，辯證地看待當前的這場婚姻危機及其得失，積極地面對現實，而不再沉湎於「兒童式自我」和「父母式自我」的思維及行為方式中。

衛紅學會客觀地看待當前的婚姻危機，對她人格成長有極大促進。

【諮商話外音】

▼1 做為心理諮商人員，我對衛紅的婚姻危機有什麼感觸？

什麼是緣分？緣分就是心靈上的溝通。如果兩個人不再有心靈上的溝通，還談什麼緣分？如果想保持這段緣分，雙方就必須想方設法保持這份心靈上的溝通，這通常包括相互的諒解和必要的妥協。這正是我替衛紅做心理諮商所追求的目標。

為衛紅諮商後，我曾多次設想，如果沒有出國，她的生活會是什麼樣子？或許她現在正牽著一個三歲的小孩，隨志剛參加各種生意上的應酬；或許她已不再指望公派出國，而是等生意發達後自費出國，反正都一樣是見世面；或許她現在已經變成了一個精明的生意人，令志剛刮目相看；或許她已不願純做學問了，而是開始追求人生的另一番風景……

當然，衛紅還會與志剛吵嘴的，但那也是為了什麼生意上的投資，什麼家務事上的分攤，什麼樣的朋友可交，或什麼幼稚園該讓小剛（要是他們給孩子取這個名字）去讀之類的事情。總之一句話，他們還會共有一個夢，同睡一張床。

但衛紅選擇了另一條人生之路，而且已經走了很遠。她不可能再回頭了，儘管志剛一直在後面大聲喊叫：妳別再大膽往前走了。

置身於哈佛，衛紅遇見那些遠道而來、朝拜哈佛校園的遊人，可能會感到幾許滿足、幾許自豪，因為她是屬於這片土地的；但望著他們成雙結對，攜幼扶老地輪流在哈佛坐像前拍照留念，她又可能感到幾許傷感、幾許惆悵，因為志剛已不在她身邊了。她可能為此感到無盡的困惑和感歎……

可是這畢竟是她自己選擇的路。這就是生活、這就是選擇，也是我做為一個心理諮商人員，對人生的感歎。人生的路就是這樣一步一步走出來的，心理諮商人員也只能幫助「行人」儘量認清自己要走的路。

▼2 婚姻帶給我們的人生思考

俗語有言：「婚姻是愛情的墳墓。」好像意味著愛情一旦到了婚姻階段就無須再多經營，這是非常錯誤的觀點。愛情需要保鮮，而婚姻亦需要夫妻雙方的共同維護。

在今後漫漫幾十年的人生旅途中，我們需要理解愛情有自然發展的規律。如下圖示，愛情並非都是一帆風順的，在進入婚姻之後必將經歷更多風雨的考驗，更須夫妻雙方的用心呵護。

愛是婚姻生活中的一種重要元素，需要知識和努力。如果不努力發展自己的全部人格並以此達到一種創造傾向性，那麼每種愛的嘗試都會使婚姻失敗。如果沒有愛他人的能力，如果不能真正謙恭地、勇敢地、真誠地和有紀律地愛他人，那麼人們在婚姻生活中也永遠得不到滿足。

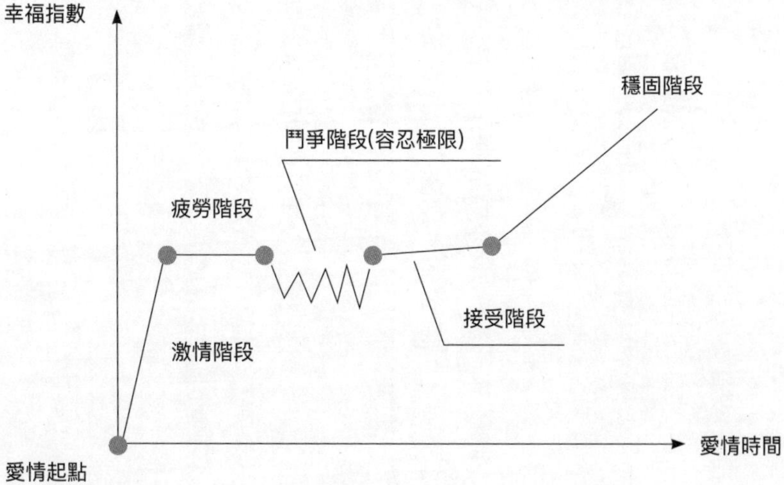

愛情發展軌跡圖

心理諮商小知識

心理學上第一個有記載的實驗

人類歷史上第一個有記載的心理學實驗是在西元前七世紀做的。古埃及有一個名叫Psamtik I的國王，為了證明埃及人是世界上最古老的民族，將兩個出生不久的嬰兒帶到一個遙遠的地方隔離起來，每天由人供給他們食物飲水，卻不許與他們講話。

該國王設想這兩個與世隔絕的孩子發出的第一個音節，一定是人類祖先的語言了。他希望這個音節是埃及語中的一個詞。等這兩個孩子兩歲時，他們終於發出了第一個音節「Becos」，可惜埃及語中沒有這個發音。國王傷心地發現，埃及人不是人類最古老的民族。至於誰是世界上最古老的民族呢？他不再操心了，把那兩個孩子帶回了「人間」。

國王把小孩子的偶然發音當作人類最古老的語言，不但令他大失所望，也使心理學歷史的第一個實驗「出師不利」。怪誰呢？

❖註釋

1 夾縫人（marginal man），指人就像報紙中兩欄字之間的夾縫那樣，雖然兩邊都碰得著，卻不屬於哪邊。這種精神苦惱一直是海外「留學生文學」的一個重要內容。

2 在我們的談話中，衛紅不止一次提到哈佛大學的校徽Veritas在拉丁文中表示真理，所以對她來說，上哈佛大學就意味著追求真理。

3 交互分析療法，由伯恩（Eric Berne）創立於二十世紀五〇年代，其主要觀點有：

A.人格由三種自我狀態組成：父母式自我（Parent Self，簡稱P）、成人式自我（Adult Self，簡稱A）和兒童式自我（Child Self，簡稱C）。其中P代表父母的價值觀，是其內化的結果，偏向權威化；A是個人對外界環境的客觀反應與評價，既不情緒化，也不權威化；C是人格中的兒童欲望與衝動的表現，是其本能部分，偏向情緒化。這三種自我狀態構成了人格衝突與平衡的基礎。

B.人皆渴望得到他人，特別是得到生命中重要人物的愛護與肯定。通常包括父母、師長、上司、朋友、戀人等。個人在人格成長中得到關愛與肯定愈多，其人格衝突便愈少，自信心則愈強。正面的「父母式自我」、「成人式自我」與「兒童式自我」之間的交互作用，會產生積極、正面的生活腳本（life script）；反之，則會導致不良的人格表現，使人在交往中充滿焦慮和自卑。

C.心理諮商的目的在於使案主成為一個統合之人（integrated person），使個人從「父母式自我」與「兒童式自我」的交互模式中解脱出來，增強「成人式自我」的效能，而不再受他人的支配。由此，學會與人建立親密的人際關係，並在交往中學會自我反省，是交互分析療法的核心任務之一。

D.在操作技巧上，交互分析療法十分強調傾聽分析的作用，旨在推動案主深刻反省其人格中「父母式自我」與「兒童式自我」的衝突，以「成人式自我」的眼光來審視個人的生活腳本，積極地面對生活中的種種挑戰，增強自信心。

十、走出心靈創傷的深淵

幫助一個人根除他心靈中的創傷，需要的不僅是關心與理解，還需要一定的心理諮商和治療的技巧。我充分體會到患者家屬所承受的痛苦，也幫他們糾正了照顧患者的偏差。

與慕賢相識完全是受朋友之託。慕賢今年二十七歲，但他的有些言行舉止還不及十七歲孩子的水準。他極願與人聊天，但別人與他聊天卻是一件很困難的事情。他的思維是跳躍式的，講話很不連貫，常常一件事情還沒說完就聊起另一件事情，而且兩者之間風馬牛不相及。例如，聊起波士頓最著名的籃球明星賴瑞・柏德（Larry Bird）時，他會突然說起海灣戰爭的局勢；或者他打電話給你，立刻就問你總統是否會連任。與他談話，我時常感到莫名其妙，而他竟毫無察覺。

慕賢處事也不夠成熟。有時候他與我通電話可以侃侃而談，毫無時間觀念。我一再給他暗示要掛電話了，他卻毫無反應，必須要我明言，才會戀戀不捨地放下電話。有時候他打電話來，我正忙著，告訴他我有空會給他回電話，但他會卻每隔二十分鐘打電話來，問我忙完了沒有。

有時我覺得他這樣做挺可愛的，有時又覺得挺可憐的。

文革大劫的創傷

慕賢的生活中曾有過一段很不幸的經歷。慕賢的父母都是二十世紀五〇年代回到中國的留美學生。當年，他們滿懷熱情，希望能為國家建設大顯身手。可惜，他們在受尊重的同時，也受到了懷疑，雖躲過「反右」的大難，卻沒有逃過文革大劫。文革開始後不久，他們就被懷疑為特務而隔離起來，留下慕賢和他的姐姐慕潔一同生活。當時，慕賢才五歲，慕潔也只有八歲。

他們姐弟被趕出了家門，暫住到保姆家，但一向謙順熱心的保姆此時突然變了臉，她不再把他們姐弟當作主人家的孩子，而是特務的後代。於是，他們成了眾多孩子欺負的對象，小小年紀就被拖去遊街、掛牌子、戴高帽、坐飛機（指被鬥時雙臂向後、弓背曲身的姿勢），成了小孩子們玩批鬥會遊戲時的特串反面角色。

如此過了兩年，他們的姨媽把兩個孩子接到了廣東。雖然慕潔沒有因為這兩年的不幸遭遇而改變性格，慕賢卻徹底變了個人，變得沉默寡言、動作遲緩，無法與人正常交往，似乎永遠生活在自我的世界中。如此又過了三年，慕賢的父母被釋放出來。一家人歷經浩劫，終於團聚在一起，但慕賢並沒有顯得十分興奮。他見到父母親說的第一句話是：「你們食堂裡的饅頭好吃不好吃？」

為了這句話，慕賢的父母帶他跑遍了北京城各大醫院的精神科。沒有一個醫生說他患有精神病，但也沒有一個醫生說他完全正常。大家都認為他在文革中受了極大的刺激，可是慕賢總是說不清自己到底受了什麼刺激。他不能與人正常交往，最後不得不輟學在家。他在家從不胡鬧，卻不能像個正常人那樣生活，成了全家人的心病。

改革開放後，慕賢父親在美國的朋友為他申請訪問學者的名額，於是來到美國，在哈佛大學醫學院的一家附屬醫院做研究。不久之後，慕賢一家人也跟了過去，慕潔很快進了一所大學讀書，已經畢業。而慕賢仍然留在家中，不同的是，由中國的家換成了美國的家。

一到波士頓，慕賢的父母就在唐人街為他找了一個心理醫師。可惜那個醫師是個香港人，普通話講得很差，對中國的生活也不夠瞭解，溝通起來十分困難，其心理治療一直沒有突破性進展。在這種情況下，慕賢的父母透過一個我們都相識的朋友找到了我，希望我能幫忙，並言以重金相酬。

我應允幫助，卻謝絕酬金，大家「同是天涯淪落人，相逢何必曾相識」。

第一次與慕賢相見，是在他家中，他長得十分清秀，個子高高的，戴著一副黑邊眼鏡，滿臉鬍渣，說起話來仍像個孩子，而且有些口吃。我只做為一般朋友來訪，不言我的身分，不給慕賢帶來心理壓力，很自然地與他聊了起來。我完全順著他的話題聊，無論他說什麼都儘量表示理解；無論他怎樣跳躍話題都緊跟不放。慕賢好像找到了知音似的，拉著我看這看那，樂不可支。他的手臂一甩一甩，腦袋一晃一晃，好幾次把架在鼻子上的眼鏡甩歪，然後再扶正。

他說話時而用中文，時而用英語。當我恭維他的英語講得不錯時，他咧著嘴說：「也……也不看一看我……我是誰？」好像我們已經是相識已久的老朋友了。

那天從他家出來時，他一再邀我再來他家，並提出第二天就要到我家回訪。他急速拿過一張小紙片，要我把我家的地址、電話及坐車路線都寫下來，並說會在次日下午三點半左右到達我家。因為下午一點，他要去唐人街見他的心理醫師，之後正好去我那裡。那幾天，我正忙於趕寫一篇文章，只好推說我就要搬家，家中十分凌亂，不方便。

不料他又說：「那我就幫你搬家吧。」

我笑了，把我的電話寫下來交給他，拍拍他的肩頭說：「有空，給我來電話。我很願意聽你講你的趣事。」

那天一進家門，妻子就告訴我：「剛才有個叫慕賢的人打電話給你，說是你要他打的。他這個人怎麼那麼逗，我問他可不可以留下電話號碼，以便讓你回電。他卻神祕地對我說，你剛從他家裡出來不久。我真不知道你們是怎麼回事……」

妻子納悶，我的心裡卻十分明白。慕賢真是渴望有人與他交往啊！

憂心而無助的父親

兩天後，我與慕賢的父親相約在哈佛大學醫學院附近的一家咖啡館見面。我們找了一個僻靜的角落坐下來。寒暄幾句之後，慕賢父親就急切地問我：「小岳，你覺得慕賢還能變好嗎？」

「我想能的。」我肯定地答道。

「真的？」慕賢父親的嘴咧得好大，滿臉的皺紋繃得更緊了。望著他一臉高興，我心裡卻有說不出的酸楚，我可以想像，這二十多年來，他為慕賢的事有多操心。

「你怎麼能確定？」他急切地問我。

「因為，他還是能與人交往的，關鍵是如何與人交往。」我喝了一口咖啡，接著說，「我前天與他接觸，發現他的思維能力還是很正常的。他的問題就在於太封閉自我了，總是生活在自我的世界當中，不能很好地體察他人的感覺。」

「你說得太對了。」慕賢父親點點頭，接著問我可不可以幫助慕賢。

「我會盡力而為。」

「這太好啦！」

慕賢父親握著我的手，過了好一陣子說：「我眼看就是七旬的人了，慕賢是我唯一的牽掛。我為他的事不知請教了多少醫生，大家都說他需要接受心理治療。但當時中國根本沒有這種服務。為了他，我放棄了國內的事業發展，跑到這裡來當個實驗員，就是因為美國有心理治療。可是慕賢接受唐人街那個心理醫師的治療快一年了，仍沒有什麼明顯進展，我真是心急啊！慕賢都快三十啦，還像個孩子似的，我在他這個年齡已經拿到博士學位了，唉。」慕賢父親深深地歎了口氣。

「是啊，我可以想像，這些年來，您為慕賢的事不知費了多少心。」我深表同情地說。

慕賢父親望著眼前的咖啡，緩緩地說：「唉，我的生活啊，就像這杯咖啡一樣，又苦又澀又黑沉沉的。你知道嗎，麻省總醫院[1]剛退休的外科主任是我從前的同學，我來這裡就是他幫我辦的。他在牛頓鎮[2]有一幢大房子，在緬因州還有一座鄉間別墅。他的孩子都是哈佛大學醫學院的教授和醫生，而我的孩子卻是個半殘廢。想當初，他也曾打算與我一起回國的，可是到了最後一刻，被他的未婚妻拉住了。我們幾個回國的人笑了他一陣，可是現在沒人再笑話他了。人這一生就是這麼捉摸不透！」

望著他一臉滄桑，我伸出手握住他的手說：「伯伯，我很理解您此刻的心情，我相信您當初的選擇是經過深思熟慮的。我想，如果我與您生活在同一個年代，也出國留學，我也一定會選擇回國的，因為那是當年海外學子們對祖國強盛的殷切期望。」

慕賢父親深切地點點頭。頓了一下，他又說：「小岳，我發現你很會說話，也很有頭腦。咳，要是我們慕賢也像你，該有多好啊！」

自我防禦機制

「我相信慕賢的情況會有好轉的，雖然他的心理年齡與生理年齡還有很大差距。」我堅定地說。

「噢，為什麼呢？」慕賢父親面露喜色。

「因為據我的觀察，慕賢主要是難以與人正常交流，不懂得從別人的角度看問題，這對他的人際交往帶來了很大的不便。例如，他想到什麼就會立即說出來，也不想一想合不合適，說了這話會有什麼後果。還有，他喜歡什麼事情就想立即去做，也不考慮會給別人帶來什麼不便。」

「據你的理解，慕賢是怎麼變成這樣子的？」

「主要是因為他經歷文革時，年齡太小，飽受周圍孩子的欺負，心靈上蒙受了極大的刺激，便以自我封閉的方式來應付外界的壓力。久而久之，他就把自己完全鎖在個人的世界中，無法與旁人正常交往，自然也難以體察別人的感覺。這是他應付外界刺激的自我防禦機制[3]在起作用，既幫助他隔離了外界給他帶來的傷害，卻又阻擋了他回歸正常生活。這樣來看，有積極幫助，又有消極作用。」

「怎麼解釋？」

「在消極方面，它使慕賢自我封閉得太久了，以致給他帶來了一定的人格缺陷；而在積極方面，這種自我封閉也好像是一種保護層，使他減輕了因外界刺激帶來的精神痛苦。」

慕賢父親不住地點頭。

「慕賢的口吃是不是那段時期形成的？」

「是啊，我剛從『牛棚』[4]出來，就發現慕賢說話口吃了，這麼多年都沒有改掉，連說英文都結巴，這又怎麼解釋呢？」

「這也很可能是慕賢應付外界刺激的防衛結果。凡是後天口吃的人，大多是因為精神長期處於緊張狀態。同時，口吃又為他不善與人交往提供了絕好的理由，省得與人接觸時那麼緊張。」

「噢，我從來沒這麼想過，你說得還真有道理。」

「所有這一切，都使得慕賢的心理年齡與生理年齡極不協調。按理說，他是快三十歲的人，思想應該相當成熟了，但他與人交往時常表現得像個孩子似的。」

「那你又憑什麼說慕賢會有好轉呢？」

「以我的觀察，慕賢的智力並不差。那天我們見面，他拿出幾本英文雜誌給我看，我很驚歎他的英文這麼好，說明慕賢的智力發展與常人無本質差別。只要鼓勵慕賢多與人接觸，並不斷幫助他總結與人交往的經驗，相信慕賢的狀況會轉好的。」

「是啊，是啊。」慕賢父親剛才緊鎖的眉頭鬆開許多。

「另外，我還發現慕賢仍有些害怕與人交往，怕碰釘子，怕人家嫌棄他、看不起他，也時常抱怨交往中碰到的挫折和失望。這都說明他尚處在與人交往的困惑階段，這是必然的步驟，感覺不適也是自然的。事實上，慕賢怕別人看不起他、拒絕他，正說明了他內心深處是多麼渴望自己也能像常人一樣很好地交往，盼望別人能夠理解他、接受他、喜歡他。這是個好兆頭呀，您說是不是？我們應該高興慕賢仍有這種焦慮和渴望的心理。它說明慕賢對人際交往中的榮辱之心和尊嚴感，還是完全體會得到的。如此看來，他不是在精神或智力上有什麼問題，只是需要時間，需要透過生活的具體體驗來一步步地開放自己，讓別人瞭解、接受、尊重自己。與此同時，他也能學會瞭解、接受他人，最終融入社會。這麼做才會對慕賢的進步有實質性的幫助！」

聽了我這一番解析，慕賢父親又激動起來。他猛地抓住我的手，使勁地握了握，說：「你分析得真是太透徹了。你知道嗎，慕賢三歲時就已經能背出二十多首唐詩了。高中休學後，我一直在家裡給他補習功課，也包括英語。他基本上都能學進去。來美國之後，我更加強了他的英語學習，堅持讓他每天看電視。到現在，他已能基本看懂電視裡的英文節目了，尤其喜歡看體育臺，他最喜歡的體育明星是賴瑞・柏德。前兩個星期，我還專門陪他去波士頓花園體育館看了場柏德的比賽。那天晚上，他也像其他觀眾一樣使勁地歡叫，我感到他與常人真是毫無差別啊。」慕賢父親眉飛色舞地說著，眼睛裡閃著光，聲音裡夾著顫抖。

「您做得很對，就是要讓慕賢多參加這類活動，讓他融入群體，去觀察模仿眾人的行為，而不是一天到晚待在家裡，那是最糟糕的作法。」

「好，好，我是該多鼓勵他出外活動了。以前主要是怕他人生地不熟，容易走丟，所以才不敢放他出門。現在看來，這樣反而誤了他。」

「對呀，慕賢現在最需要的就是融入社會，以儘早解除自我封閉，而且他也十分渴望融入群體。那天，我們見面後，他迫切地想來見我，就充分證明了這一點。這是個好兆頭，說明他是不甘寂寞的。真正精神有問題的人不是這個樣子。」

慕賢父親的臉上再露喜色。他招手把服務員叫過來，又叫了兩杯咖啡和一盤小餅乾，對我說：「小岳啊，我看見你就像看見了慕賢的另一副樣子。要不是文革和那個忘恩負義的保姆，他今天絕對會上大學，也會像你一樣學有所成。可惜一場浩劫，不光使他變成了一個有嚴重心理障礙的人，也誤了我自己的前程。如果留在國內，我想我有望入圍科學院學部委員，我的學生都進去兩、三個了。而現在，你瞧瞧，我幾乎成了慕賢的保姆，唉！」

沉默了片刻，我開口說：「我非常理解您這些年來的苦衷，我深信如果沒有文革的刺激，慕賢一定學有所成，也會像我這樣出國留學的。」

慕賢父親搖搖頭，什麼都沒說。

思索了一下，我又說：「不過我倒想提醒您，美國有不少社區大學，要比國內的大學容易進得多，你們不妨先讓慕賢上一所社區大學試一試，那樣不但可以使他有美國的學歷，也可促使他融入美國社會。您覺得呢？」

慕賢父親睜大眼睛說：「噢，這倒是個挺好的主意，我怎麼從來沒想過這樣，不過你覺得慕賢行嗎？」

「我想慕賢能聽得懂英文電視，看得懂英文雜誌，就值得一試。那樣，也會大大地激發他的學習積極性，也更有機會與群體交往了，不是一舉兩得嘛，多好。」我鼓勵老伯，接著，向他介紹了幾所我知道的社區大學。

慕賢父親拿出記事本認真地記下了我講的情況，一直說：「我明天就去瞭解這些學校。」

記畢，他提出能否請我在哈佛為慕賢做心理治療，並中止唐人街那個心理醫師的治療，因為他與慕賢語言、文化都不通，溝通起來十分不便。

「你好好考慮一下，行嗎？」慕賢父親一臉殷切地望著我。

「這恐怕不行，因為我在哈佛做心理諮商，只能見哈佛大學的學生。但我願意在其他場合見慕賢，與他保持聯絡，幫助他學會與人交往。」

「那真是太感謝你了，小岳。不過我知道你在美國生活不易，也需要打工掙錢。在美國，時間就是金錢，所以我總覺得應該付你一些錢才是。」

「不，不，伯伯。」我搖著頭堅定地說，「慕賢如能學會與人正常交往，那就是對我最大的報償。」

就這樣，我們結束了那天的會面。在回家的路上，我回想著慕賢父親所談的一切，心裡充滿了感慨。我想，每個有心理障礙或疾病的患者家屬，都有倒不盡的一肚子苦水，有時候，他們比患者還急於看到其精神康復。從慕賢父親充滿焦慮和憂傷的眼神中，我也感受到他的執著追求。要是慕賢的心理障礙當初能得到及時治療，絕不會是今天這樣子。可惜，他最需要接受心理治療的時刻，中國尚無這類服務。現在，他雖然可以接受心理治療，卻已延誤治療的最佳時機。

慕賢變成現在這個樣子，該怪誰呢？

帶著他走進人群

在以後的幾個月中，我與慕賢一直保持著電話聯絡。每次聯絡，我總是鼓勵他多出外交往，多結交新朋友，不斷提醒他與人說話時要多注意聽人講話，討論完一件事情後再討論另一件事情，並儘量有條理。有時候，我也會講一些人際交往中的注意事項給他聽。由此，慕賢漸漸變得懂事了，不像以前那樣，在談話中一味顧著自己。有時候，他與我聊得時間過長了，或我有什麼事情不能久聊，我都會直接了當地告訴他，他也不會像以前那樣不斷地再打電話過來問我。當然，每次我忙完事，幾乎都會給他回個電話。在電話中，他也會先問我：「你現在忙完了沒有？」而不是立即講起他手頭上的事。

同時，我也與慕賢父母保持聯絡，瞭解慕賢近來的表現及他們為慕賢做了些什麼，向他們提出一些有幫助的指導和具體建議。對於上社區大學這件事情，慕賢表現出極大興趣，這與他當初執意要從高中退學的態度截然不同。為此，他在父母、姐姐的帶領下，跑遍了波士頓地區的社區大學，最後選中了一間離家較近、條件尚好的社區大學，計畫下學期入學。

入學之前，慕賢要好好在家裡補習英語，並開始看一些英文課本。想著能上美國大學，他的情緒總是十分高漲，家庭氣氛也有了很大的轉變。以前，他進進出出，父母總是放心不下，千叮嚀萬囑咐，生怕他走丟。現在，他們開始放心他外出活動，也不再事事都問個明白。而他結識了什麼新朋友，父母都會想方設法鼓勵他維持友誼。他只要張口要看什麼書，爸媽也會立即買回來。

就這樣，慕賢終於開始走出一個十來歲孩子的世界，向二十來歲人的天地邁進。雖然步伐還很沉重，但畢竟開始行動了。

年底將至，哈佛大學中留學生聯誼會在哈佛醫學院的大樓裡舉辦除夕晚會。我邀慕賢一同前往。那天，共去了五、六百人，大家熙熙攘攘地擠在不同的房間內，有人跳舞，有人唱卡拉OK，有人打牌、下棋，也有人聊天、講笑話。我帶著慕賢在不同房間內轉轉，把他介紹給我的朋友們。

慕賢那天顯得極為興奮，幾乎見到所有人都打招呼，最後竟提出要唱一曲卡拉OK。我很驚歎他有這樣的勇氣，因為那天在卡拉OK屋內，有幾位業餘歌手在打擂臺，贏來陣陣喝彩。在那裡唱一首曲子是要有相當勇氣的，而慕賢卻義無反顧地報了名，點了一首〈十五的月亮〉。

過了二十多分鐘，輪到慕賢上去唱歌。不巧的是，在他之前已有兩人唱過這首歌，其中一次是由一位很受眾人青睞的女孩子唱的。她唱歌時非常投入，動作表情都很到位，唱完之後，博得眾人掌聲，有人還不斷喊「再唱一次」。

等到慕賢呆頭呆腦地站在卡拉OK機前，拿起麥克風，人們都停止了議論，想看一看這個其貌不揚的男子，怎麼敢挑戰那位女孩子。結果慕賢一張口就走了調，唱到一半時，有人笑得前仰後合，有人不斷地吹口哨，還有人乾脆喊「下臺吧」。

就在這時，那位剛才備受眾人喜歡的女孩子忽然從人群中走了出來，拿起另一支麥克風與慕賢一起合唱。見此情景，我立即用力鼓起掌來，帶動了其他人一同鼓掌，結果我們在鼓掌打拍子中，伴隨慕賢與那個女孩子一起唱完了〈十五的月亮〉。

之後，我激動地走過去，握住那個女孩子的手說：「真感謝妳出來支持我的朋友，他是第一次出來參加這類活動。」

「所以他更需要眾人的捧場啦。」那女孩子嫣然一笑，然後又握了握慕賢的手，對他說，「希望你以後還能大膽地站出來唱歌。」慕賢只是木然地道了聲謝，隨口說：「妳長得真像我姐姐。」

那個女孩子走後，我問慕賢感覺如何。他回答說，要不是那個女孩子上來幫忙，他也許真的唱不下去了。我告訴他，重要的不在於他能否唱完這首歌，而在於他有勇氣站出來唱歌這個事實。在這點上，他比我要勇敢得多。聽到我的鼓勵之詞，他咧開嘴笑了，笑的樣子與他父親一模一樣，只是臉上沒有那麼多皺紋。

後來，我打電話把事情告訴了慕賢父親，話筒裡傳來他爽朗的笑聲。我可以想像他此刻咧著嘴笑的樣子，可以體會到他此刻的雀躍心情。

慕賢能主動站出來唱卡拉ＯＫ啦，這在半年前還是不可思議的事情！

＊　＊　＊

過了新年，慕賢終於註冊上學了，這是全家人的大喜日子。雖然最初入學時，他曾遇到很大的困難，但在全家人通力支持下，終於挺了過來，並在第一學期末取得較理想的成績。

從此，學校生活成了慕賢的主要生活，學校的事件也成了他的主要話題。更有趣的是，他居然還開始和女孩子約會了，雖然還未能交到一個固定女友，但他仍在努力當中。有時候，慕賢父母會打趣地問他，約會的情況怎麼樣了，他會說：「這……這是我自己的事，現……現在還不能告……告訴你們。」

慕賢父母便知趣地不再探問，心裡卻感覺很喜悅。他終於開始過正常人的生活了，儘管比一般人遲緩了十多年。慕賢父親一次笑著對我說：「或許，這輩子我還會抱上孫子呢。一年前根本不敢想像這一切。」

當然，慕賢的心理年齡與生理年齡還有很大距離，心理障礙也很難根除，但他畢竟開始突破自我層層的心理障礙，去擁抱這個曾令他恐懼不已的世界了！

隨著慕賢情況不斷好轉，我也漸漸淡出了他的生活。我從哈佛大學畢業應聘來香港工作前，他們全家人在唐人街最有名的中餐館「會賓樓」為我餞行。席間，慕賢不斷談論著新結交的朋友，包括幾次短暫的浪漫史。他用英語自嘲說：「那些女孩子都說我這個人看上去挺深沉的，但其實我是個很天真的人[5]。」說得我們大家都笑了。

慕賢以近而立之齡才開始融入人群，不能不令人感到淒涼和惋惜。然而，三十之齡對人生一世的路途來講，尚不算遲。看著他現在的樣子，我和他家人的感覺可用四個字來概括——悲喜交加。他父母那天發自內心的笑，也是我終生難忘的。慕賢父親後來寫信告訴我，慕賢已經轉到了麻州大學繼續學業。麻州大學可是全美知名的州立大學啊。

慕賢，你現在好嗎？

【個案分析】

▼1 慕賢的問題本質是什麼——環境對大腦的塑造

慕賢患的是典型的「分裂型人格障礙」[6]。他的心理創傷始於文革期間所受的精神刺激，因為後來疏於治療而加重。他的人際交往障礙可說是一種防衛方式，把自己封鎖在自我的世界當中，不在乎外界發生的事情，也不理會外人怎麼看待他，所以他已習慣了這種自我中心和封閉的生活。

從我近二十年的心理學和腦神經科學綜合研究來看，當一個個體在童年時期遭受持久的重大創傷後，大腦的情感發育[7]會被抑制或朝著扭曲的方向發展。環境對大腦的塑造作用極其重大，慕賢正是因為童年期所受到的創傷沒有及時化解，形成過度的威脅與壓力，導致大腦的壓力毒素過度分泌並持久地發揮負性作用，阻礙了心智的正常發展。

對於慕賢的適應性問題，雖然他父母帶他跑遍了北京各大醫院的精神科，但由於他問題的本質是心理障礙而非精神失常，所以沒得到及時、適切的治療，是悲劇中的悲劇。對於人生，慕賢似乎永遠處於一種半醒半醉的狀態，這使他在人際交往中可以隨進隨退。當他進時，他可以表現得像個大人；而當他退時，可以表現得像個孩子。這就是慕賢心理問題的本質。

▼2 慕賢父母愛護孩子中有什麼失誤——過度保護使其發展受阻

每個患有心理障礙與疾病之人的痛苦，不僅是個人的，也是全家的。我套用托爾斯泰（Leo Tolstoy）之《安娜・卡列尼娜》的開場白[8]：「心理健康的人總是幸福的，心理不健康的人各有各的不幸。」

透過與慕賢父母的接觸，我深深感受到他們愛護孩子的心，可是他們不明白，不能再把慕賢留在家中過孤獨的日子了。那樣與其說是保護他，還不如說是耽誤了他。多少年來，他們一直悲歎慕賢不能像正常人那樣生活，卻沒有意識到是他們過分保護，才使慕賢邁不出家門。他們不明白，慕賢的康復需要從走出家門開始。而我對慕賢最有力的幫助，就在於使他儘早融入社會的洪流，成為大眾的一分子。

雖然這麼做對慕賢及其家庭都有很大難度，但我還是想方設法幫助慕賢邁出了第一步。這對於一個「閉關鎖門」近二十年的人來講，是多麼不易啊！我不知給他講授多少人際交往的要領。對於他的轉變，有時候我講的一句話可以抵他父母講的十句話，並不是說我比他們聰明，只能說明我比他們更清楚怎樣幫助慕賢。

慕賢父母在困惑與焦慮中掙扎了許多年，對慕賢的反常表現已變得麻木了。他們不知為慕賢做出了多少犧牲，也不知為他暗地裡流了多少眼淚，可惜他們的愛沒有完全用在正確之處，過分保護孩子，反而加重了慕賢的自我封閉。

愛護孩子是否得法，對孩子的心智成長有非同小可的影響。

▼3 我對慕賢的康復起了什麼作用——陪伴促進成長

按照我在哈佛大學所接受的訓練，我是不接手心理治療個案的。但慕賢是個例外，一是因為受朋友之託，二是已經有人在為他做心理治療。我可以在旁邊敲敲邊鼓，幫助慕賢康復。事實上，我對慕賢的幫助就在於使他一步步地克服與人交往的膽怯，學會與人交往的本領。

正因為慕賢不是我直接的案主，所以我可以像朋友，而不是完全像心理諮商人員那樣與他交往。我可以直接了當地批評他、教導他。我對他來講似父似兄、亦師亦友，這都是為了推動他更快地擺脫孩子氣，向成人的世界邁進。

比起前面記述的所有個案，慕賢的情況有兩個本質上的不同：一個是他問題的核心不在認識上，而在行為；另一個是在他的康復過程中，我也調動了他父母的積極性。

首先，對於慕賢，我不能像以往那樣，用諮商室裡那種一對一的面談方式（唐人街那位心理醫師已在為他做此事）來幫助他。但我仍可以用同感、宣洩等諮商技巧來與他溝通。例如，最初在他家見面、聊天、聽他講自己的趣事，與他一起看喜歡的雜誌以及後來和他通電話等，都是在溝通中與他建立同感，聽他講述與人交往中的喜怒哀樂，助其宣洩憂愁。

由於慕賢的問題不是一般認識上的偏頗，他不需要我幫他調整認識方法，而需要我帶領他透過生活的具體體驗，來掌握人際交往的要領，才會對他的康復產生直接效果。

這即是我為什麼把幫助他的重點放在具體行動上。例如，我與慕賢電話交談，時常提醒他注意打電話的時間是否合適，對方是否有空與他長聊，儘可能說完一件事再換話題。我也想瞭解他近來見了什麼人？遇到了什麼問題，又有什麼打算？並對他在人際交往中的每個進步予以及時肯定。我還鼓勵他多與人交往，多外出參加群體活動，尤其是那次邀他一起去參加哈佛大學聯歡會的經歷，更具體地增加了他與人交往的成功體驗。

這些體驗都有效地強化（reinforce）了慕賢已有起色的交往能力，使他感受到與人交往的樂趣，從而獲得不同成功經驗的體驗。換言之，在協助慕賢克服其心理障礙的過程中，我基本上採用了「行為療法」，幫助他調整社交中的孩子式行為表現，幫助他學習用成人的方式與人交往。

另外，在幫助慕賢走出自我封閉的過程中，我還積極配合了他父母的努力，使他們明白怎麼幫助慕賢才最為合適。特別是慕賢上社區大學這件事情，我跟慕賢父母同心協力，為慕賢的生活開創了一個嶄新的局面。這不光使慕賢的精神面貌煥然一新，也使其父母對孩子的關愛有了新的認識和目標。

在這點上，慕賢能走出自我的封閉世界，首先要歸功於他父母。沒有他們多年來愛的付出，慕賢是不可能徹底轉變的，我只是在適當的時候，給了他們適當的推動。雖然不是我所有的努力都取得了預期的效果，但在大多數情況下，慕賢還是能與我積極配合。這裡需要強調的是，在與他的接觸中，我始終把他看作正常人。這對他本人及其家人，都有十分重要的暗示作用。

這不僅是心理諮商的需要，更是人性的呼喚、人性的體現。

【諮商話外音】

▼1 慕賢出來唱卡拉ＯＫ對其康復有何意義？

在慕賢的轉變中，他參加哈佛大學的除夕晚會，特別是出來唱卡拉ＯＫ之舉，是極具康復意義的里程碑事件。

他那天與眾人交往，從向大家打招呼，到與人自如地聊天，到最後出來唱歌，完全感覺自己是個常人了。這使他的自卑降到了最低點，也使他的自信升到了前所未有的高度。

後來，他開口唱卡拉OK時，曾一度受到眾人恥笑，幸好那個深受眾人歡迎的女孩子挺身而出，使他在眾人的掌聲中結束了他的「演唱」。

這段經歷對於他康復早年的心靈創傷，極具象徵意義。因為他實際上是在重新體驗早年的受辱經歷。不同的是，這次周圍的人很快由恥笑變為鼓勵，使他嘗到了早年受辱時未曾得到的溫暖。也正是因為這一點，我才萬分感謝那個女孩子。

她做到了我想做卻無法做到的事情，就是在慕賢感到最自卑的時刻（唱歌走調），給他最大的精神安撫和激勵（替他救場）。難得我們三人會配合得這麼有默契。這種受挫經歷的重新體驗和補償，是撫平慕賢心靈創傷的關鍵[10]。慕賢心理障礙的解除，也需要以此為突破點。

在眾人面前獲得自信心，是慕賢最需要的心理補償。

▼2 什麼是慕賢的「登天的感覺」？

慕賢能夠上美國的社區大學，並在後來轉入正規大學，對於他的康復具有十分重要的推動作用。這是他從家庭走向社會的必要過渡。慶幸的是，雖然慕賢的心理出現了嚴重障礙，但他的智力並不低下。他能跟上美國大學的學業，這是一件何等的奇事！

慕賢終於走出了自我的封閉世界，走出了心靈創傷的深淵，走出了人們對他的歧視。他開始過正常人的生活，開始有正常人的生活目標，也開始體驗正常人最美好的情感——愛的滋潤。這一切變化，都令我和他的家人歡欣鼓舞。

慕賢要走的路還很長很長。比起他的過去，他已經邁出了一大步；但比起他的同齡人，還有很大的差距。可是他畢竟開始行動了，這比什麼都重要！他終於踏出家門，融入社會。這就是他的「登天的感覺」。

最後，做為一個心理諮商人員，我真誠希望千千萬萬個慕賢，都能儘早走出心理障礙的深淵，享受一個正常人的生活。同時，我也祝願千千萬萬個像慕賢一樣的家庭，都能及早看到希望的旭日。

願天下人都能享受到心理諮商的「登天的感覺」。

心理諮商小知識

誰創立了「系統脫敏療法」？

心理治療中最常用的方法是「行為矯正療法」，而行為矯正療法中最常用的方法是「系統脫敏療法」。

該療法是由美國著名心理學家沃爾帕（Joseph Wolpe）首創的。他堅信人的焦慮和恐懼表現只是一種行為習慣，可以透過控制其外界環境來加以改變。他尤其反對採用精神分析療法，認為人的心理障礙和變態行為，最好透過建立新的條件反射來根除。他透過教授患者放鬆自己的精神及逐步降低其對某些事物（如狗等）的焦慮和恐懼，來消除患者的緊張情緒。

沃爾帕於二十世紀四〇年代在南非開創「系統脫敏療法」。六〇年代，他的這一療法開始引起心理學界和醫學界的重視。七〇年代以後，成為整個心理治療行業中最常用的療法之一。

❖ 註釋

1 麻省總醫院，是全美最知名的綜合醫院之一，也是哈佛大學醫學院最大的實習醫院。

2 牛頓鎮（Newton），是波士頓市有名的富人區。

3 自我防衛機制（ego defense mechanism），又稱「自我防禦機制」，指個體在精神受擾時採取的心理平衡手段。它主要包括自戀防衛（narcissistic defenses）、不成熟防衛（immature defenses）、成熟防衛（mature defenses）和神經質防衛（neurotic defenses）等範疇的手段。

4 文革時期，牛棚是指各單位（機關、團體、學校、工廠、村鎮、街道）自行設立的拘禁該單位知識分子的地方。始於一九六六年夏天。

5 慕賢這句話的英文是：Those girls all say — look like a serious person, but actually — am quite a naive guy.

6 分裂型人格障礙（Disintegrated Personality），患者的突出表現是不善人際交往，對外界反應遲鈍，社會適應能力亦很差，常給人一種古怪而不合群的印象。

7 在大腦的發育過程中，情緒情感起著重要的作用。當人們受到環境刺激時，大腦會選擇優先加工情緒因素，重大創傷事件所引起的消極情緒會促使大腦分泌神經毒素，抑制其發育生長。

8 托爾斯泰在《安娜．卡列尼娜》（*Anna Karenina*）一書中的開場白是：幸福的家庭總是相似的，不幸的家庭各有各的不幸。

9 行為療法源於行為主義理論，強調透過對環境的控制來改變人的行為表現。其理論基礎包括俄羅斯著名生理學家巴甫洛夫（I.P. Pavlov）的「條件反射理論」及美國著名心理學家桑代克（E.L. Thorndike）和美國著名心理學家斯金納等人的「操作性條件反射學習理論」等，主要有如下要點：

A. 人的所有行為都是透過學習而獲得的，其中強化對該行為的鞏固和消退起決定性作用。強化可採取嘉獎或鼓勵（正強化）的方式，也可採取批評或懲罰（負強化）的方式。由此，學習與強化是改變個人不良行為的關鍵。

B.心理治療的目的在於利用強化使案主模仿或消除某一特定行為，建立新的行為方式。它透過提供特定的學習環境促使案主改變自我，摒棄不良行為。由此，注重心理治療目標的明確化和具體化，主張對案主的問題採取就事論事的處理方法，不必追究個人潛意識和本能欲望對偏差行為的作用。

C.行為療法的常用療法包括「系統脫敏療法」、「鬆弛療法」、「模仿學習」、「厭惡療法」、「氾濫療法」等，其核心均在於利用控制環境和實施強化，使案主習得良好行為、矯正不良行為，重塑個人形象。

10 在心理治療中，有一種名為「情感矯正體驗」（corrective emotional experience）的療法，主張讓患者在催眠和現實中重新體驗早年的精神創傷，並予以及時的安撫和溫暖體驗，以消除患者早年精神創傷遺留的痛苦感受。

・・・督導篇

督導助我舞蹈於心靈之巔

我的督導故事之一：諮商督導是平等對話

一九九一年九月十六日，我接受了第一次督導[1]。我的督導共有兩位，一位是哈佛大學心理諮商中心主任杜希博士（Dr. Charles Ducy），另一位是中心副主任芮內博士（Dr. Suzannie Rennet）。

第一天接受督導，我見的是杜希。我抱著十分忐忑的心情，以為督導就是接受批評。我們坐定之後，杜希問我對接受他的督導有沒有什麼特別的期望。我感到十分困惑，不解地問：「我不明白你指的是什麼？因為在我的印象中，督導就應該像實習醫生那樣，向上級醫生提問並接受他的指導，難道不是這樣嗎？」

「完全不是的，」杜希笑著說，「心理諮商中心的督導與心理諮商的過程有一點是相通的，就是十分強調督導雙方的相互尊重與互動。所以我問你對我有什麼期望，是想先在你我之間確立一個平等、互利的關係。在這當中，不光我可以幫到你，你也可以幫到我。」

「怎麼說？」我更感困惑，也更感興趣。

「我的意思是，督導過程實際是相互挑戰的過程。你在諮商實踐中遇到了難題，不知怎麼說、怎麼判斷、怎麼行動，所以需要我來協助你。你面臨的挑戰是怎麼尋求最佳的答案，而我面臨的挑戰是怎麼啟發你自己獲取答案，而不是簡單地將我的想法直接了當地告訴你。所以你在學習怎樣諮商，我在學習怎樣督導。我們不是在相互學習嗎？」杜希說到這裡還做出一個雙手張開的手勢。

「噢，我明白了。」我點點頭。

「你還沒有回答我的提問呢。」

我略想了一下回答說：「我最大的期望就是能透過接受你的督導成為一位稱職的心理諮商員。」

「請說得具體一點。」杜希不假思索地回答。望著我困惑的樣子，他又補充說：「我是指你期望我能在哪些具體方面幫到你，例如諮商的同感力、洞察力、反省力、面質力、表述力、言語交流與體語交流的互動等。」

我點點頭，反問杜希：「我當然希望在這幾種能力上都有成長，不過我想知道，你認為這幾種能力中，哪種能力最重要？」

「問得好！以我看來，在這幾種能力中，同感力最為重要，因為它是心理諮商的入門功夫；其次是洞察力，因為它才是心理諮商的樂趣所在。」

「那我就希望你主要幫助我提高這兩方面的能力。」我仔細品味著杜希說的這句話。

「除此之外，你還有什麼其他想法？」杜希再問。

這時，我已經完全領會到杜希實際上是想讓我對督導過程先提出自己的想法，所以滔滔不絕地講出了一大堆自己的期望，例如在諮商能力上的提升、諮商理論取向上的定位、諮商業務學習上的完善等。杜希認真地做了筆記，之後拿出一份標準的督導合約書，讓我閱覽並簽字。之後我們談了許多有關督導的注意事項。

最後，杜希對我說：「今天是我們的第一次督導會面，我希望你能明白我們今後的對話也會像今天一樣，是平等的對話和交流。我希望聽到你對諮商問題和表現的主動反省和評判，而不是我對諮商的鑑定。」

「諮商督導是平等對話，相互挑戰。」這是我對那次督導印象最深的一句話。

我們的督導合約

尊敬的岳曉東先生：

我很高興成為你的臨床督導。以下內容嚴格遵照美國心理學會諮商心理學會的督導指引條例，以確保你能理解我們之間的工作關係以及我的背景。

我是臨床心理學的博士，並擁有NCC（National Board for Certified Counselor）、

LPC（Licensed Clinical Professional Counselor）、LMHC（Licensed Mental Health Counselor）等專業資格證書。我也是ACS（Approved Clinical Supervisor）和PRT-S（Registered Play Therapist and Supervisor）的成員。我還修過一門有關督導的理論課程，並多次參加相關的研修學習。我已多次開設過有關督導的課程，也擔任過一個督導研修班的講師。

大體上，我的諮商領域包括兒童、青少年和成人的成長性問題以及相關研究。我已經從事諮商工作十六年，督導工作十二年。我的職責是在大學從事諮商、教學工作，同時我也提供私人諮商服務。

在督導中，我會選擇用特定的模型來對你實施督導。其中，我會幫助你學習與完善一些諮商技術，並幫助你探討某些共同的治療要素，以促進你在治療方面的進步。出於職業道德的考慮，在督導過程中，我不能給你或你的家屬提供諮商與治療。

在我們的督導會面中，我將幫助你在諮商過程、諮商個性化、諮商概念化、諮商管理等領域獲得成長。其中，諮商過程指對你如何諮商的技術的理解與運用；諮商個性化指你如何做個人體驗與覺察，如何對移情和反移情覺察；諮商概念化指你如何看待和分析個案，並為之做出各種計畫；諮商管理指你如何管理諮商的內容，包括如何做個案筆記、如何執行保密原則、如何維護職業道德、如何獲得進一步的專業許可。為此，你需要將你的諮商錄音下來，我們將用這些錄音來探討諮商會面。另外，我們還在督導中進行角色扮演、模擬練習和其他形式的訓練。

每週，我將與你舉行一次督導會面，每次兩個小時。此外，你每週還將參加另外兩個小時的同輩督導與專業研修（如參加各種與心理諮商相關的報告會、工作坊等）。做為你的督導，我將幫助你學習掌握心理諮商的核心技術，留意你在同輩督導中的成長，並為你的專業研究提供相關的資訊。做為你的督導，我還會注意保障你的權益，幫助你協調與案主的矛盾衝突，並扮演這個職業的「守門人」角色。在這一過程中，你扮演的角色是每週為案主進行諮商，準備所有諮商會面的資料，並參加每週的督導會議。

在每次督導會面中，我會要求你反思：1.你為案主進行諮商的整個過程；2.你做為諮商員的表現；3.你的諮商記錄與反省，特別是對於那些諮商中尚未解決的問題。我將期待你的想法與建議。

在督導會面中，我將保留一份督導會面的紀錄，並建議你也這樣做。雖然紀錄是我的，但是你可以隨時借閱。在整個督導過程結束後一個月，我將銷毀這些紀錄。

我還向你承諾，你與我分享的所有資訊，無論是有關你個人的還是你的案主的，我都將保密。不過，在以下的情形下，我會披露這些保密資料：

1.你同意讓我與其他人分享資訊。

2.你感覺你或你的案主會對你或者其他人構成威脅。

3.我感覺你或你的案主在虐待兒童、老人或殘障人士。

4. 法院或法律命令我披露這些資訊。

5. 當你或你的案主對我採取法律訴訟或向管理委員會投訴我，而我覺得有必要運用這些資訊為自己辯護時。

6. 你的進步讓我感覺有必要在所有學員面前提到你的名字。這樣做的時候，雖然我會涉及你的諮商個案或者在我極端情形下對你的督導，但為了使保密資訊不受損害，我不會在報告中提到你的案主的名字或洩露其他資訊。最後，在我參加本中心或是其他專業會議的討論時，可能會提及你的個案，但我向你承諾，所有的職員都會遵守上述保密性原則。

最後，做為你的督導，我將用專業的態度和公認的道德準則來為你服務。儘管我不能對你的督導效果有任何保證，但我會努力幫助你達到最佳的學習效果。在中期考核時，我會給你一個書面評價；在督導結束時，我會對你和我的表現都進行評定。如果你有任何不滿意，請告訴我。如果我的答覆還不能解決你的問題，你可以按照學生手冊的程式向校方投訴我。

如果你電話聯繫不到我時，你可以在電話裡留言。我會儘快回覆你的留言。

我十分期待在給你的督導過程中，一同成長。

你的誠摯的杜希博士
哈佛大學學習諮商處主任

心理諮商小知識

心理諮商的基本功

一個訓練有素的心理諮商師應該練就以下四種能力：同感力、洞察力、覺察力和溝通力。

同感力就是指諮商師能夠準確體察、把握案主的內心感受。它要求諮商師盡力與案主情感對焦，思維並軌，是諮商關係確立與推進的關鍵。

洞察力就是指諮商師能對案主的認知、情感、行為之動機與相互關係進行歸納總結、透徹分析、深入探討的能力。換言之，洞察力就是透過現象看本質，學會用心理學的原理和視野來歸納、總結人的行為表現。

覺察力就是指諮商師能夠認識並化解自我偏見、偏好及個人在諮商過程中的欠缺。它也要求個人能夠及時體察內心變化及調整自我狀態，主要包含兩個部分：1.自我覺察，包括移情覺察、偏見覺察、人格完善覺察、自我防禦覺察等；2.行為覺察，包括口頭語覺察、常用語覺察、體語覺察、副語言覺察等。

溝通力就是指諮商師能夠與案主有效溝通，對案主的主述能夠把握要領，對自己的意念能夠準確表達。換言之，溝通力就是諮商者與案主交流思想，表達意念，尋求共識的能力。其中「溝」是手段，「通」是目的。溝通力包括言語的和體語的，也包括非言語的和副語言的。

此外，一個訓練有素的心理諮商師要練就多方面的能力，在心理諮商的實踐中對心理諮商的各種流派和技巧進行融會貫通，並在此基礎上逐漸形成自己的風格。

❖ 註釋

1 我於一九九〇年至一九九二年在哈佛大學心理諮商中心任實習諮商員。

我的督導故事之二：

不要製造同感泡沫

同感力是心理諮商的入門功夫，這是我進入心理諮商此行業的一個突出感受。同感力指諮商師能夠準確無誤地感受、體察案主內心體驗的能力。一次，杜希在與我談論同感力時說：「初入道者在同感表達上很容易犯兩個毛病：一個毛病是因過分關注案主的感覺而製造出一大堆同感泡沫，於同感共情無實際的幫助；另一個毛病是因過分認同對方的想法而設置了重重的同感陷阱，錯失了面質案主的時機。」

「你能否舉個實例說明？」

「同感泡沫的例子，如過多地說『我理解你』、『我相信你』、『你真不好受』之類的話語，後來證明這不是案主真正想聽的話；同感陷阱的例子如因過分鼓勵、肯定案主的想法而沒有推動案主去獨立思考，承擔自我成長的責任。」

聽了杜希的話我不停點頭，琢磨著自己在同感表達上的毛病。杜希似乎看透了我的心思，張口說：「我再給你舉個例子，昨天我在聽你給麗莎[1]做諮商的錄音時，發現你對她的同感共情有不少是很做作的成分。」

「真的嗎？」我緊張地問。

「是啊！例如說，當麗莎描述她在哈佛的孤獨感時，你迫不及待地插嘴說『是啊，妳一定感覺很不舒服』；而當麗莎講述沒有人能理解她現在的處境時，你又插嘴說『對呀，妳一定感覺很不爽』，你知道這麼說有什麼問題嗎？」

「有什麼問題？」

「你這樣不斷插嘴說話，還不如不說話。」杜希乾脆地回答。

「何以見得？」

「因為麗莎此時說話，實際上是說給自己聽的，你不需做太多言語反應。」

我想了一下，謹慎地問：「那你說，我怎樣說才對呢？」

「其實，你根本不需說什麼，只要點點頭，或是長嗯一聲就可以了。」頓了一下，杜希接著說，「你用不著每間隔幾句話就插一句『你一定感覺怎麼怎麼』之類的話。同感並非一定是言語性的，也可以是非言語性的，甚至一份真誠的聆聽就夠了。」

「但我覺得麗莎對我的同感共情似乎挺認可的呀！」我還想替自己辯解。

「麗莎是不會反感，畢竟你沒有說錯話。但同感交流的藝術在於，不說錯話不等於說對話了，這就如同『沒輸並不等於贏』是一樣的道理。你是說了不少同感的話語，但說多就泡沫化了，等於白說，甚至不如不說。你明白了嗎？」

「明白了。」我深深地點點頭，心想這同感真是好比「心有靈犀一點通」，說來容易做來難呀。

「同感的話說多了，就是在製造同感泡沫，所以寧肯不說話，也不要說錯話。」這是那次督導給我留下最深刻的話語。

同感共情的是與不是

1.心理諮商的同感共情是什麼？

A.同感共情是平等的（Empathy is of equal relationship）

心理諮商的關係是平等的關係，而非權威的關係。其中平等是尊重、理解、中立、客觀的前提保障。如果心理諮商關係一旦變成了權威關係（如醫患關係、師生關係），則案主需要或期望接受諮商師的指導，這就違背了心理諮商「助人自助」的原則。由此，諮商師要在同感共情實踐中培養、完善自己平等待人的能力，並真情表露。

B.同感共情是互動的（Empathy is interactive）

同感共情是在互動交流中表現的。這種交流需要諮商師敏銳地觀察案主的內心衝突與變化，並適時地做出相應的回應，以極大強化案主的主述欲望。由此，諮商師要在同感共情實踐中學會主動回應，及時回饋，用心伴隨案主。對此，美國心理諮商培訓專家貝特曼（B.D. Beitman）和我[2]曾共同指出：「如果患者感到被誤解，無效的傾聽對治療關係是有害的。不積極的關注也是對患者時間與精力的浪費。」

C.同感共情是真誠的（Empathy is genuine）

同感共情要求諮商師能夠真情實意地進入案主的內心世界，設身處地地感受其喜怒哀樂。如果同感共情中沒有真誠，就相當於大自然中沒有空氣，世間將由此變得生機全無。由此，諮商師要在同感共情實踐中，學會真誠待人，實話實說，以取得案主的信任。羅傑斯曾經說過「重複就是力量」，但是如果只是機械地重複案主的話，既沒有站在案主的立場感同身受，也沒有幫助案主進行自我探索，這樣的重複是不能達到同感效果的。

D.同感共情是多方位的（Empathy is multi-dimensional）

同感共情交流中既有言語的交流，也有體語的交流。其中言語的交流包括談話的語氣、語調及措辭等，體語的交流包括談話時的面部表情、坐姿、手勢等，這一切都應該協調一致，傳達著同感共情的資訊。而如果諮商師一邊與案主說話，一邊又在看錶、梳頭髮、目視其他地方等，就會帶給案主心口不一、心不在焉的感覺。由此，諮商師要在同感共情實踐中，不斷克服自己的種種口頭禪與小毛病，給案主全神貫注的感覺。

總之，同感共情的目的在於幫助案主敞開自己的內心世界，心理不設防，以能夠正視自己的力量與不足，發現自身的非理性思維方式，最終有效地調整。對此，羅傑斯曾指出：「治療師必須具有一種特殊的感應能力，能準確地感受到當事人的個人經驗，並能體會到當事人所表達的內容。只要進行得順利，治療師不但能夠進入當事人的內心世界，去瞭解他所要澄清的各項意義，甚至在下意識裡就能對情況一目了然。」

2.同感共情「不是」什麼？

A.同感共情不是同意（Empathy is not agreement）

兩者的本質差別在於前者是對案主內心感受的深刻理解與尊重，而非對對方想法和理念的完全接受；而後者是對案主思想的完全認同。在心理諮商中表現同感共情是為了「將心比心」，以尊重換信任，以理解促反思。由此，諮商師在同感共情實踐中學會接受案主，而不是認可他的某些非理性想法。

B.同感共情不是同情（Empathy is not sympathy）

兩者的本質差別在於後者是一種主位似的反應，包含了對案主處境的憐憫，是一種居高臨下的、恩賜似的反應；前者則是客位似的，完全從對方角度看問題的反應，因而是平等、共鳴似的反應。由此，諮商師在同感共情實踐中切忌流露出悲天憫人的態度。

C.同感共情不是移情（Empathy is not transference）

在心理學上，移情泛指個人把自己對以往生活中重要人物、事件及東西的愛與恨投射到另一個相關人物、事件及東西的意向。同感共情與移情的本質區別在於前者是一種平等、中立、公正的情緒反應；而後者則帶有個人的偏見、偏好或是情緒指向。由此，諮商師要在同感共情實踐中警惕自己的移情表現，不要將自己的想法強加在案主身上。

D.同感共情不是熱情（Empathy is not simple kindness）

兩者的本質區別在於前者是一種冷靜、理性、溫情的情緒反應；而後者則可能表現出過多的主動與主觀。由此，諮商師在同感共情實踐中切忌表現得過分主動、熱情，那會令案主感覺不適，望而生畏。

總之，同感共情是心理諮商的入門功夫，需要諮商師在談話中表現得淡定自如、衷心誠懇。這需要諮商師在實踐中不斷地反省自我、磨練自我，以漸入佳境，嫻熟把握。此外，同感共情不意味著滿足當事人的情感與要求，只意味著給他提供一個安全的、支援性的環境，接納其人，而非其事。

心理諮商小知識

羅傑斯論同感共情

羅傑斯在各種論述中始終對同感共情給予高度的重視，把同感共情看作諮商師深入案主的心靈世界、提供有效幫助的關鍵。他提出諮商師應該培養以下的能力[3]：

- 有能力與案主全面溝通。
- 所做的回應都切合案主想表達的意念。
- 平等看待所有案主。
- 能夠瞭解案主的內心感受。
- 設法謀求瞭解案主的內心感受。
- 掌握案主的思路。
- 在語調上反映出自己能體會案主的內心感受。

簡言之，在羅傑斯看來，同感共情是學會設身處地以另一個人的思想與情感去感受、體會周圍的人和事物，以真誠與平等待人為先決條件。

❖ 註釋

1 詳見〈我是全哈佛最自卑的人〉一篇。

2 具體內容詳見我的《心理諮商基本功技術》一書。

3 摘自卡爾．羅傑斯所著 *On Becoming A Therapist*，一九六一年出版。

我的督導故事之三：洞察力就是「開心眼」

洞察力是心理諮商的另一項基本功，心理諮商師的技能成長歷程就是一個洞察力不斷提高的歷程，依照哈佛大學諮商心理學教授朗敦的觀點，所有的心理諮商流派都可分為兩大類——洞察力類（Insight Therapies）和行為矯正類（Behavioral Therapies）。

洞察力是人們對個人認知、情感、行為之動機與相互關係的透徹分析。用通俗的話來講，洞察力就是透過現象看本質；而用佛洛伊德的話來講，洞察力就是變無意識為有意識。在這層意義上講，洞察力就是「開心眼」，就是學會用心理學的原理和視野來歸納、總結人的行為表現。

我第一次感受到洞察力是在為莫妮卡[1]做諮商時。莫妮卡找我諮商是因為她感覺在哈佛大學還不適應，所以想轉到她家鄉附近的一所很平常的學校求學。對此，我最初的作法是想方設法留住她，並幫助她樹立必勝的信念，打消她的念頭。但沒過多久，她就不來見我了（專業上講，這是阻抗的表現），這令我大惑不解。

接受杜希的督導時，我談了我的這份困惑和挫敗感。杜希詳盡地問了一些問題後對我說：「我想你是陷入了莫妮卡為你設置的一個陷阱了。」

「什麼陷阱？」我急切地問。

「以我的判斷，莫妮卡之所以想從哈佛大學轉學，一定有什麼隱情。」杜希回答。頓了一下，他接著說：「而你卻一味地要她樹立信念，增強信心，這是對她真實感覺的不認同，難怪她會對你產生阻抗反應。」

「那莫妮卡為什麼要從哈佛轉學呢？」我不假思索地發問。

「這就需要你在諮商中多聽少說，多探究少評論，多站在對方的立場想問題，而非想著一定要完成你的諮商計畫。」

我深深地點一點頭，接著問：「你說我現在該做什麼呢？」

「我想你應該主動與莫妮卡聯繫，而且在諮商中少談論怎樣讓她在哈佛大學留下來，多談生活，少談學習。」

漸漸地，我發現了莫妮卡執意要從哈佛大學轉學，是因為她有一塊難以言明的心病——當年她要求姐姐代她與男友約會，致使姐姐遭遇交通事故而癱瘓，所以莫妮卡的生活愈是成功，內心就愈感到對不起姐姐，而只有她感覺與姐姐一樣平常時，內心才會感到平衡。換言之，莫妮卡想從哈佛大學轉學不是因為學習不適應，而是因為她心裡有愧。她能否在哈佛大學留下來，關鍵取決於是否能與姐姐真心溝通，走出愧疚感的心牢，這便是此次心理諮商的洞察力。

透過這次諮商，我充分感覺到心理諮商遠遠不只是幫助案主樹立信念，增強信心。它需要人們具有敏銳的洞察力，透過現象看本質，化無意識為有意識，最終更好地認識自我、接納自我、戰勝自我。

洞察力和觀察力的區別

洞察力和觀察力是有一定區別的。觀察力是一個人知識與分析水準的結合，是一種需要長期實踐、訓練以及驗證的技能。例如：對人的觀察力，就需要豐富的心理學知識、長期的實踐、對於固定觀察樣本的長期觀察驗證所能逐漸獲得的經驗。能自發形成觀察力的人一般都具有寬廣的心靈，而當觀察能力達到一定水準後會自然而然地升級為洞察力。

而所謂洞察力是一種特殊的思維判斷能力。具有洞察力的人，可以根據事物的表面現象，準確深入地認識到事物的本質及其內部結構或性質。在這點上，洞察力與直覺、預感有某些相似的地方，但是也有明顯的差別。一般來說，直覺和預感，偏重於對事物發展變化的判斷，而洞察力則直逼事物的本質結構，因此洞察力的智力層次和適用範圍要比直覺、預感更深入、更廣泛。事實上，許多洞察力事例更像提出科學假說。

所謂心理諮商洞察力（therapeutic insightful competence），就是指諮商師能夠對案主的認知、情感、行為之動機與相互關係進行歸納總結、透徹分析、深入探討的能力。

洞察力是心靈凌駕在個人觀察力水準之上的，可以應用在對陌生人的認知上，體現在尋找問題根源。達到洞察力階段的時候，在觀察人或事物時能產生一種無須思考就在心裡直接生成觀察物件的輪廓，並能隨著洞察力提升而更清晰、全面。當然，洞察力的生成要求和心力消耗都要比前者高。

洞察力不像觀察力那樣有具體的操作細節和步驟，內含的是一個總括性的思想。雖可讓人任意發揮，卻有其潛在的規律！精神分析理論的洞察分析就是做好以下三件事情：

1. 談情結：探討案主內心深處的移情、偏好與偏見。
2. 談意識：探討案主的種種有意識與無意識表現。
3. 談人格狀態：探討案主的人格衝突狀態。

由此，諮商師要在與案主的對話當中，探究其表面現象背後的潛在動機、人格狀態的形成原因，以求「變無意識為有意識」、「化無知為有知」，終而調動其自我成長的動力，改變其現狀的不滿。在心理諮商上，有「未完成事件」之概念，指個人因為某種尚未獲得圓滿解決或徹底彌合的事情，尤其是創傷或艱難情境，而在以後的人生中不斷尋求滿足。例如，如果一個人在童年沒有得到足夠的關愛，他就會不斷地表現自己，以獲得關愛的滿足，或是妒忌或傷害那些曾經得到足夠關愛的人。

在這層意義上講，尋求關愛滿足就是一個人的「未完成事件」，也就是他的情結。

由此，這個人會在潛意識中十分關注、在意別人對他的態度，特別是對他勤奮、努力的肯定。也由於這樣一種心態（意識），這個人一方面可能會表現得十分勤奮、自強不息、堅韌不拔；卻在另一方面也表現得十分敏感、焦慮、猜疑，缺乏安全感。對此，心理諮商的目標就是幫助人完成其「未完成事件」，使他得到關愛的充分滿足，以重構自我人格。

心理諮商小知識

佛洛伊德和榮格談洞察力

在榮格自傳《回憶・夢・省思》（*Memories, Dreams, Reflections*）[2]的最後一頁，榮格援引老子的話「眾人皆清，唯我獨懵」做為總結，榮格所要表達的正是他在老年所感受到的。榮格稱老子就是一個完美的象徵，具有超卓的智慧，可以看到以及真切地體驗到價值與無價值。受老子的影響，榮格在書中這樣寫道：

「智慧老人的原型所洞察的是永恆的真理……我對於自己愈是感到不確定，愈是有一種內在生發的、與所有的存在均有聯繫的感覺。事實上，似乎那長期以來使我脫離於世界的疏離感，已經轉化為我內在的世界，同時展現出一種意外而新穎的我自己。」

在此，榮格用智慧老人（wise old man）來形容我們內在所具有的有關意義與智慧的原型意象（Archetypal Images）。在他的心理分析體系中，他所提倡的男人阿尼瑪（Anima）[3]發展最高階段的索菲亞形象，以及女性阿尼姆斯（Animus）[4]發展最高階段的赫耳墨斯形象，都在不同程度上具有這種智慧老人的意義。

❖註釋

1 詳見〈我對姐姐懷有深深的內疚〉一篇。

2 榮格《回憶·夢·省思》英文版，New York：Vintage Books，1965.

3 阿尼瑪是榮格用來形容男人內在的女性存在的原型意象，其最高發展階段為索菲亞，屬於男人內在的創造源泉。

4 阿尼姆斯是與阿尼瑪相對應的一個概念，象徵著女人內在的男性成分，其最高發展階段為赫耳墨斯，充滿靈感與創造的形象。

我的督導故事之四：做高品質的回音板

心理諮商磨練人際溝通能力，是這行業對從業者的一大挑戰。心理諮商條件下的言語表述與交流不同於日常生活的言語表述與交流，它要求人們在聽說時全神貫注，積極回饋，說話時高度簡潔、概括且有的放矢。諮商溝通最忌諱聽話時心不在焉，說話時言不由衷，令案主對心理諮商摸不著邊際，無所適從。提高諮商溝通力意味著諮商師要學會傾聽，並用簡潔、明快的語言回應案主複雜甚至混亂的內心感受，儘量做到話語中肯、言辭貼切。

由此，諮商對話修煉的最高境界是：多說一句話就是囉唆，少說一句話就是不明確。用杜希的話來講：「諮商對話重品質，不重數量。」

在沒有入行心理諮商之前，我絕少認真檢討過自己說話中有什麼不妥，也不在意一天說了多少廢話，基本上是想什麼就說什麼。但自從入行後，我開始有意識地關注自己每天都說了些什麼，怎麼說更好，由此我養成了說什麼、想什麼的習慣。這就好比我在自己的頭上裝了個「緊箍咒」，一天到晚給自己念，督導也幫著我一起念，時常搞得我暈頭轉向。久而久之，我發現自己的諮商表述能力有了明顯的提高，這突出表現為廢話少說了，語言精練了，說話中肯了。

一次，我與杜希專門討論起諮商場合下的語言藝術。他形象地評論說：「人們常用回音板來比喻諮商對話對案主獨立思考的輔助作用，那麼好的回音板會讓人一下子就聽得見自己的心聲，而差的回音板會使人無法聽清楚自己在說什麼。」

「怎麼才能做好的回音板？」我不禁問杜希。

「就是要善於對案主的話語提問質疑，歸納總結，以推動案主不斷認清自我，發現問題。」

經過多年的實踐與思考，我感到諮商溝通力之提高可以從以下幾個方面入手：

1.談感受：針對案主的傾訴，多問「你感受如何」或「你是不是這樣感覺」之類的問題來促進案主宣洩情緒。

2.談具體：針對案主的敘述，多問「你可否說得具體些」或「你可否舉個例子」之類的問題來幫助案主釐清思路。

3.少評論：不要對案主的話語做是非判斷，少說「你怎麼可以那麼想」或「你想得太多了」之類的話，而是鼓勵案主多做自我分析。

4.多提問：不要木然、被動地傾聽案主講話，而是對他的話提問質疑，以推動他看到自己平時看不到的問題，發現自己的思維、情感的誤區和盲點。

5.勤總結：針對案主的連篇敘述，要勤做歸納總結，以抓住每一段話語的要點。在這當中，諮商師尤其要啟發他自己做歸納總結，以強化獨立思考能力。

6.概念化：針對案主描述的問題，諮商師要善於加以心理學概念化（如談某種情結作用、人格狀態、防禦功能），為諮商探討提供理論依據。

總之，心理諮商對話可謂人際溝通之藝術。人們唯有不斷醒悟自己的諮商溝通表現，給自己念「緊箍咒」，才能功德圓滿，修成正果，成為諮商溝通的大師。「做塊高品質的回音板」，這是杜希經常掛在嘴邊的一句話，也是所有從事心理諮商行業人員的奮鬥目標。

傾聽反應的四種溝通類型

日常生活中的「聽」與「說」可有多種表現。我們以「會說」為橫坐標，「會聽」為縱坐標，可大致分為四種溝通類型：光說不聽型、光聽不說型、傻聽傻說型、善聽會說型。這四種類型可以用一個座標圖來表示。

這四種不同的溝通類型中，每一種都具有不同的特點和行為表現，其心理機制也不相同。

1.光說不聽型溝通

光說不聽型溝通的特點就是強加於人，具體行為表現是：急於表現自我，強調自我感受，不斷插嘴說話，不顧及他人的感受。其心理機制主要是自戀心理、自我中心。例如，拿破崙與人的溝通就具有這樣的特點。

他對弟弟呂西安未經他同意就娶了已經懷孕的戀人惱火不已，命令說：「你違背我的意願娶妻，不能算是合法的婚姻。」

呂西安反問：「為什麼？我們也是在教堂舉行的婚禮。」

拿破崙不悅地回答：「呂西安！整個歐洲沒有人如此對我講話。我不承認這個婚姻，你快點離婚。」說著拿破崙把呂西安拉到地圖前，「如果你離了婚，我可以讓你在你喜歡的地方做國王，能讓你富有

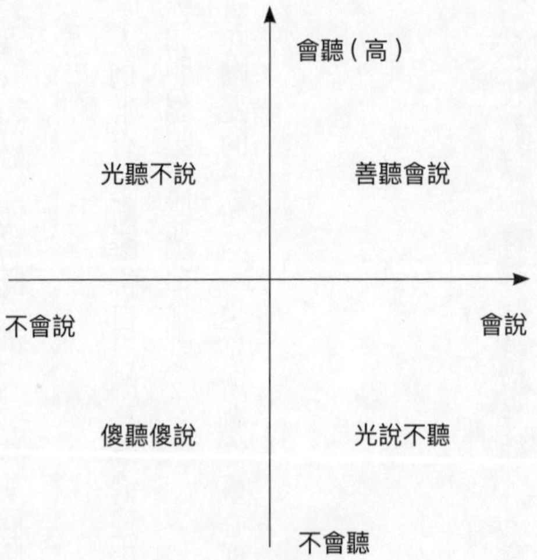

溝通類型圖

快樂地生活。」

呂西安卻反駁說：「我的生活一直很快樂，我的婚姻我自己做主，絕不離婚。」

拿破崙氣得臉漲紅了，大聲叫道：「我是皇帝！我有權決定一切！」

呂西安不甘示弱地說：「是，你有權力，你是皇帝。但我也有權對自己說，我愛我的妻子，我將永遠與她在一起。」

「背叛！純粹是背叛！」拿破崙咆哮道。

由此，這對新婚夫婦就被發配到義大利，再也沒有回過法國。拿破崙的這種溝通與其自戀人格有關，總是把自己的觀點強加給別人，很難與人取得同感共情。

2.光聽不說型溝通

光聽不說型溝通的特點是被動呆板，其行為表現為：反應遲鈍、機械聽說、不善表達、不善提問、不善釐清自己及他人的思路。其深層次的心理機制為：依賴心理、缺乏主見和獨立性。例如，三國時的劉禪就是愣聽的代表人物。蜀漢滅亡後，劉禪被接到了洛陽，他不知道怎麼跟人打交道，一舉一動全靠郤正的指點。

一次，司馬昭召見劉禪時問：「您還想念蜀地嗎？」

劉禪回答說：「這兒挺快活，我不想念蜀地了。」

郤正在旁邊聽了，覺得太不像話，回去後對劉禪說：「您不該這樣回答晉王（指司馬昭）。」

劉禪問：「依你的意思該怎麼說呢？」

郤正說：「以後如果晉王再問起您，您就流著眼淚說：『我祖上的墳墓都在蜀地，我心裡很難過，沒有一天不想那邊。』這樣說，也許晉王會放我們回去。」

後來，司馬昭再問劉禪：「您還想念蜀地嗎？」劉禪果然按郤正教他的話說了一遍，還竭力裝出悲傷的樣子。司馬昭看他這個模樣，笑著問：「這話好像是郤正說的吧！」劉禪吃驚地問：「正是郤正教我的，你怎麼知道的？」

劉禪原先完全依賴諸葛亮，後來依靠姜維，總是依賴別人，自身缺乏獨立性，無主心骨，別人說什麼就是什麼，不動腦筋分析，也不用心體會。

3.傻聽傻說型溝通

傻聽傻說型溝通的特點是有嚴重的溝通障礙，其行為表現為聽話不專心，說話不得要領，很少回饋，也不在乎回饋。其深層次的心理機制是自我沉溺，嚴重自戀。例如，晚年的秦始皇迷上了神仙方術，對那些方士言聽計從，百聽不厭，儘管他們的話中有很多破綻。他重用方士，不惜耗費巨額錢財，煉丹求藥。然而世上沒有不死之藥，方士們為了躲避罪責，編造出種種名目為自己開脫。

盧生就騙秦始皇說：「尋求仙藥而不得，是因為有惡鬼作祟。求仙之法，人主應該微行以避惡鬼，使任何人不知陛下的居處，這樣仙人才會到來，仙藥可得。」不想秦始皇竟真的做起「真人」來，並不再稱「朕」。不僅如此，秦始皇還聽信方士的話把皇宮搬進咸陽地宮，平時足不出戶，一面批閱奏章，一面「接引」神仙，不許外人打擾。秦始皇晚年的時候，經常沉溺在自己的世界裡，自言自語，不知所云。

由此，秦始皇一天更換無數次住所，完全成了一個夢遊者，神出鬼沒，胡言亂語，搞得別人莫名其妙。

4.善聽會說型溝通

善聽會說型溝通的特點是善解人意，其行為特徵主要表現為：虛心聽、巧妙說、主動提問、積極回饋。而其心理機制主要是全神貫注、同感共情。例如，一九三七年十二月十二日「西安事變」後，周恩來到西安幫助協調，宋美齡兄妹也急匆匆趕赴西安與周恩來進行面談。

開始時，宋美齡還端著委員長夫人的架子說：「這次委員長不幸蒙難西安，據說是貴黨背後策劃的。」

周恩來回答說：「水結成冰是因為天冷；彈出槍膛是受了撞針的壓迫。事情非常明白，這次西安事變完全是蔣先生自己逼出來的。如果蔣先生樹旗抗日，這不愉快的事情會發生嗎？至於說是我黨背後策劃的，有什麼根據呢？完全是不合事實的無稽之談！」

在此，周恩來言之有理，卻又適可而止，令宋美齡在氣勢上先輸了三分，不得已地說：「別人這麼說，我並不相信。」由此，周恩來以民族利益為重，措辭鏗鏘有力，情理相融，使人備受感染！

總之，善解人意就是知道該說什麼，不該說什麼。英語當中有句諺語：A capable man knows what to say, a clever man knows whether or not to say it.（能者知道要說什麼，智者知道該說不該說）。善解人意練的就是「該說不該說」的功夫。另外，在溝通中，還要注意體語交流，例如學習察言觀色、用眼睛溝通、學打啞語。大家可以在現實生活中不斷實踐，並總結經驗，這也是一門需要修煉的功夫。

美國著名心理學家丹尼爾・戈爾曼（Daniel Goleman）曾言：「準確感知他人的情緒是情商的突出表現。」霍華德・嘉納也說：「體察他人的內心感受是人類的智力表現」。「善解人意」是需要人一生一世修煉的功夫。

心理諮商小知識

心理諮商師要覺察口頭禪

所謂口頭禪，就是指那些經常掛在口頭的習慣用詞或言語習慣。例如人們常說「說真的」、「老實講」、「我不騙你的」、「聽我的沒錯」等話，都是典型的口頭禪。口頭禪可以有多種表現形式，有些口頭禪可能令人感覺無所謂，但有些口頭禪卻可能令人感覺很不舒服。依照心理學，口頭禪並非完全不用心的，其形成與使用者的性格、生活遭遇或是精神狀態有很大關係。

在日常生活中，口頭禪往往是言者無心、聽者有意，但它有可能會對人際溝通與交往帶來極大的阻礙。由此，諮商師要在談話中不斷覺察自己的口頭禪，確保不會影響你的傾聽反應、表達與思想交流。

我的督導故事之五：
我與哈佛心理諮商室

哈佛大學心理諮商中心成立於二十世紀五〇年代，是全美最早建立的大學心理諮商機構之一。心理諮商中心的第一任主任名叫威廉・佩里（William Perry），他早年十分關注大學生的自我成長，曾提出大學生成長「七段論」，並廣受大家的認可。

有趣的是，佩里在當初命名哈佛大學心理諮商中心時，用的名字是Harvard Bureall of Study Counsel，其中文譯名可為「哈佛學習諮商處」。這個名字一直沿用至今，是全美大學心理諮商中心中絕無僅有的名字。

我在哈佛大學心理諮商中心實習時，佩里還健在。出於對先輩的仰慕，我們幾個博士生特別邀請他回到中心來賜教。佩里欣然接受了邀請，這令我們幾個晚輩興奮了好幾天。

佩里來的那天，興致勃勃地對我們講述了中心的許多陳年故事，令我們聽得如痴如醉。例如，他說中心所在地林登街五號的三層小樓是他親自挑選的。當初，學校曾想給中心學校醫院樓上的一層房間，其面積比現在大上許多。但佩里拒絕了學校的美意，選擇了現在的地址，因為他不想讓學生把心理諮商與生病治療聯繫在一起，那樣會使學生對心理諮商產生不必要的顧慮，甚至偏見。

「我這裡可不是醫院，但學生進了醫院大樓就很容易走錯門呀！」佩里開玩笑說。

佩里還告訴我們，他早年開展心理諮商，許多學生都以為接受心理諮商就是做心理測試或是做心理培訓。當他鼓勵學生做自我分析時，許多人都大惑不解。「他們以為來這裡是聽諮商師講話的，不承想諮商師卻要聽他們講話，有沒有搞錯呀？」

佩里講了許多話，問我們有沒有什麼問題。我問：「請問當初你為什麼會給這裡命名為哈佛學習諮商處？有什麼特殊的考慮嗎？」

佩里瞇了瞇眼睛回答：「問得好，我當初之所以取這樣一個怪怪的名字，一來是不想讓大家把這裡當作精神求助的地方，那樣會使大家混淆心理諮商與精神治療；二來我想把學習諮商與心理諮商緊密地結合起來，畢竟學生大部分的情緒問題都與學習有關。」

「你現在怎麼看呢？據我所知，全國的大學心理諮商中心只有我們一家如此命名。」

佩里望望我，反問：「年輕人，那你怎麼看這個問題呢？」

我略想了一下說：「剛開始時感覺很不自然，但時間長了也就習慣了。」

「我也是過了很長時間才習慣的。」佩里順口說。他的話逗得大家都笑了，接著他又說：「四十年前，當人們還對心理諮商心存顧慮時，我取這個名字是為了給這裡的服務樹立一個正面的、無憂無慮的形象。四十年過去，人們已經充分接受了心理諮商的理念，我想是該改名字的時候了。」頓了一下，佩里又自言說：「為什麼要改名字呢？哈佛大學的許多事都是怪怪的，我們就是其中之一，這不挺好嗎？」

「你能舉個例子嗎？」我好奇地問。

「例如說，哈佛的Winder圖書館就要求所有來借書的人最後都要通過游泳的考試，以悼念遇難於泰坦尼克號客輪的Winder本人[1]。這條規定對那些怕水的人和殘疾人是很不公平的啊！但這也是實行了五十多年後才廢除的。」

那天拜見老主任佩里，我最大的感受是，心理諮商在哈佛大學的開頭真不容易！

心理諮商室的意義

1.心理諮商室的心理意義

心理諮商「counseling」的詞幹源於拉丁語和古法語，在拉丁語中有會議、考慮、忠告、談話、智慧的意思。在古法語中是商談的意思。心理學大師羅傑斯認為心理諮商是「透過與個體持續的、直接的接觸，向其提供心理援助，並力圖使其行為、態度發生變化的過程」。而學習布置諮商室，則是每個諮商師的必備知識。

心理諮商是心靈探索的歷程，旨在使案主無保留地公開自己的隱情，宣洩自己的情緒，反省自己的思想。心理諮商場所的安排與布置，首先要給人安全、祥和、舒適及充滿生機的感覺，給人一片心靈淨土的感覺。

2.心理諮商室的審美意義

心理諮商場所不僅要為人提供心靈淨土的感覺，房間布置也應該具有一定的審美感，讓來者一進屋內就感覺放鬆、解脫，就想滔滔不絕地訴說自己的不平與煩惱，就想不斷地再回到這間屋子。這是心理諮商場所給人的暗示作用。例如，牆的顏色應該是淡色的，沙發顏色也應該是淺色的，使人放鬆情緒。

雖然每個人的審美觀不盡相同，房屋布置也風格不一。但怎樣才能使心理諮商室本身傳達出希望、祥和、生機勃勃及不屈不撓的資訊，這是每個心理諮商師應該認真思考的問題。大家千萬不要小看了諮商室布置的巨大暗示作用，它也是心理諮商的重要組成部分。佛洛伊德曾言：「在這間屋子裡，任何一樣東西都具有象徵意義。」由此，諮商室的布置都要考慮到其象徵意義。

心理諮商小知識

佛洛伊德的諮商室

佛洛伊德做為心理諮商行業的開創者及一代宗師，其諮商室的布置也表現出其鮮明的個性。首先是躺椅，這在今天是司空見慣的，但在十九世紀後期，患者來看病就應該坐在醫生的對面，便於檢查和詢問。而讓患者躺在椅子上接受治療，是對傳統問診模式的一項巨大變革，因為它會促進患者放鬆情緒，並自由聯想。佛洛伊德躺椅的象徵意義在於，患者一進入他的治療室就進入了一種自我催眠的狀態，因為這裡是身心鬆弛的一片淨土。

其次是佛洛伊德的古物擺設，他十分喜歡古物，書案牆頭都擺設了許多從各地蒐集來的古物，以雕塑為主，據說也有中國的唐三彩頭像。這對於一個醫生來講是比較另類的，通常私人診所應該掛滿各種證書或有關醫學的圖示。但佛洛伊德在諮商室裡擺滿了此等古物，給人一種強烈探索與發現的感覺。換言之，擺設這些古物的象徵意義在於：一旦進入了我的諮商室，就要開始一段

「變無意識為有意識[2]」的征途。

最後就是桃紅色的色調。佛洛伊德似乎對桃紅色情有獨鍾，地毯是桃紅色的，連客廳的牆也是桃紅色的。按理說，紅色會令人感覺煩躁，不適合布置諮商室。但桃紅色會令人昏昏欲睡，這對於催眠治療，包括自由聯想，都有幫助。所以，桃紅色的象徵意義在於儘快進入催眠狀態。

❖註釋

1 哈佛Winder圖書館是哈佛校友Winder的家人以他的名義捐資建造的，曾規定所有入圖書館借書的人必須會游泳，這條規定在二十世紀六〇年代被取消了。

2 佛洛伊德主張精神分析的目標就是「變無意識為有意識」（Making unconscious conscious）。

我的督導故事之六：
幽默是治癒抑鬱症的良藥

在哈佛大學心理諮商中心實習期間，我除了定時接受個人督導外，還不時參加一些校內外的工作坊或專題報告，以拓展我做為心理諮商從業人員的知識面。在所有的學習當中，給我印象最深的學習是有關抑鬱症起因與治療的報告。

這個報告是由哈佛大學醫學院一位名叫Gilligan的教授做的。他先將抑鬱症分為內源性、更年期性、反應性與心因性，以及神經症四大類。

1.內源性抑鬱症

內源性抑鬱症主要由生理與遺傳因素導致，又細分為兩種，第一種是「單相抑鬱症」，只表現抑鬱發作，可一次或多次發作，如一九六九年諾貝爾醫學獎得獎者薩爾瓦多．盧瑞亞（Salvador Edward Luria）就是這種情況。第二種是「雙相抑鬱症」，表現為抑鬱與狂躁交替發作，如美國著名作家傑克．倫敦（Jack London）就患了此病，最終在發作時服毒自殺。

內源抑鬱症主要表現為「三少或三低」現象，即情緒低落、話少、語調低沉、動作減少、思維遲鈍等。患者感到一切都無聊乏味，對任何事情都提不起興趣，感到自卑與厭倦，並可發生消極厭世思想。

2.更年期抑鬱症

更年期抑鬱症主要見於更年期階段，女性在絕經期前後，即四十五至五十五歲；男性在五十至六十歲。主要表現為焦慮、煩躁不安、懷疑自己患有某種大病（疑病症）、恐懼緊張、膽怯怕死、情緒不快，並伴有植物性神經系功能障礙症狀（如月經不規則、面部潮紅、心悸、怕冷怕熱、腸胃功能障礙等）。

3.反應性與心因性抑鬱症

反應性與心因性抑鬱症主要受外界不良刺激或內心矛盾衝突所致。其中反應性抑鬱症往往在受到超強精神打擊後急性發病，如遭遇天災人禍、親人意外死亡、女性遭受性侵、家庭破產或離散、橫遭冤屈入獄等；心因性抑鬱症則是由於受到較次強度的社會或家庭不良刺激因素所致，如工作或生活中的挫折、高考落榜、就業困難、婚戀失意、人際關係衝突、家庭矛盾、夫妻不睦、未能晉升等。

4.神經症性抑鬱症，又稱抑鬱型神經（官能）症，其特點是有神經衰弱的許多症狀，如失眠、記憶力差、精神不振作、頭暈頭痛、全身不適、胸悶、心悸等。

治癒這四種抑鬱症，除了需要適當用藥之外，還要配合心理諮商與合理的生活安排，此外就是鼓勵患者多參加有益的體育鍛鍊與文化娛樂活動。在所有非藥物性調適活動中，Gilligan教授極力推薦幽默的昇華作用。他一再強調幽默不僅是積極的精神防禦機制，也是健康人格的重要指標，更是創新思維的突出表現。所以，培養幽默感是人一生最大的健康保險。

為了說明他的觀點，他特別舉了林肯總統的例子。林肯二十四歲時因戀人去世而患上抑鬱症，一生都在與此搏鬥。為了使生活充滿陽光，他學會了幽默昇華。他原本是一個不苟言笑的人，但為了改變性格，每晚睡前要看些幽默文集才入睡，並喜歡對別人講笑話。他最愛講在農場長大時聽來的笑話，每當他講笑話時，臉就會放光，眼睛就會發亮，有時候會控制不住自己先大笑起來，並笑得手舞足蹈。笑，成了林肯緩解壓力與抑鬱的最佳藥方。

Gilligan教授最後總結說：「林肯的一生都在與各種苦難、挫折爭鬥，一般人早就受不了了，可是他卻默默地忍受下來，並儘量用幽默化解這一切，直到生命最後一刻。在這當中，他不僅改寫了美國的歷史，也改變美國人的性格。由於他的幽默感，美國人從早年清教徒不苟言笑的生活方式中徹底解脫出來，幽默從此成了美國文化中經久不衰的時尚。」

那天Gilligan教授的報告令我激動許久，我不僅增進了對抑鬱症的瞭解，也增進對林肯魅力及美國文化的認識。他的報告讓我受益一輩子！

多年後我對幽默的研究與感悟

1. 幽默是人際關係的潤滑劑

沒有幽默的社會與家庭是缺乏歡樂氣氛的。例如，有對夫妻吵架後不說話，一天丈夫回家後就開始翻箱倒櫃地找東西。妻子看得不耐煩，就問：「你在找什麼？」不料丈夫說：「我終於找到了我要找的東西，那就是妳的聲音！」著名心理學家佛洛伊德曾說：「幽默是認知不協調給人帶來的快感。」在這裡，丈夫透過尋找妻子的聲音，巧妙地表達自己尋求和解的願望，展現了個人的智慧。在大力宣導和諧社會的今天，幽默應當發揮更大的人際和諧作用。

在現實生活中，很多人遇到衝突馬上就出言不遜，惡語相向，但如果換成幽默的語言，效果大不相同。例如在公車上，一個急剎車讓一位小夥子無意踩到了一位女孩的腳，女孩生氣地說：「瞧你這德行！」小夥子平靜地回答說：「不是德行，是慣性。」女孩噗哧笑了出來，這場不快就輕鬆化解了。加拿大二十世紀幽默作家斯蒂芬・李科克（Stephen

Leacock）說：「幽默的本質是通情達理；是對一切存在事物熱忱而溫存的同情；它的本質是愛，而不是蔑視。」由此，幽默是愛的藝術。表現幽默就是向他人拋出橄欖枝，讓他看到你的寬宏大量。

2.幽默是創造力的同義詞

西方社會的大量研究表明，幽默與創造力密切相關，相輔相成。西方心理學家也視幽默為創造力的核心特徵。例如美國心理學家羅伯特・奧爾森（Robert Olson）就指出：「如果我們存在幽默的態度，就必能激發創新。」電燈的發明者愛迪生就極富幽默感。有人曾嘲笑他錯用了一千兩百種材料做燈絲，結果都失敗了。愛迪生幽默地回應：「我已經成功地證明了一千兩百種材料不適合做燈絲。」幽默讓愛迪生從另一個角度看待自己的失敗，使他不斷奮進。

這給我們一個啟示：構建和諧社會需要大家培養幽默感。這其實也激發了大家的創造力，培養人們從不同的角度看問題。心理學的研究也發現，幽默審美可以提高藝術創造和科學創造的能力，而科學創造能力的提高也可以進一步提升人們的幽默審美能力。它們在創造過程中的同一性正是彼此之間存在相互促進關係的基礎，其間並不構成因果關係，可以離開彼此而存在。

3.幽默是人生智慧的結晶

幽默的最高境界是智慧。俄羅斯作家赫爾岑（Aleksander Herzen）曾言：「笑，絕不是一件滑稽的事。」英國文豪莎士比亞也曾說：「笑要有智慧，幽默不單是要單純逗樂，還有排斥庸俗。」曾有一個外國記者問周恩來：「在你們中國，明明是人走的路，為什麼卻要叫『馬路』呢？」周恩來不假思索地答道：「我們走的是馬克思主義道路，簡稱馬路。」

如果遇到了類似別人譏諷你的情況，你用了敵對性的回應，那麼會讓對方覺得你沒有風度、沒有化解的智慧，最終可能兩敗俱傷；如果用了自毀性的回答，等於貶低了自己，降低了尊嚴，這會讓對方更加瞧不起你。而如果我們能像周恩來那樣表達，一來鍛鍊我們的思維、增強智慧；二來能維護自己的尊嚴又不損害他人。

4.讓幽默進「三房」

構建和諧社會需要將幽默深入人心。我倡議要讓幽默進「三房」——教室、病房、牢房。幽默進教室，就是指幽默入校園。近年來，校園暴力，學生自殺、他殺的事件屢屢發生。如震驚一時的馬加爵案，就是因為口角之爭而起了殺機，這都表明現代大學生缺乏化解壓力的有效方法。而從小培養孩子的幽默感，能讓他學會從更積極、樂觀的角度看待矛盾和爭端，化解心中的不滿和壓力，進而保持師生、同學之間的和諧關係。幽默進病房，就是讓病人學會愉悅心情。試想病人整天愁眉苦臉、憂心忡忡，何以加快康復的速度。心理學的研究證明，笑對人身體的健康很重要，是一種情緒釋放。如果在病房中多和人開開玩笑、講講笑話，病人就不會總關注自己的病痛了，反而會變得心情舒暢，並有利於醫患關係的和諧。幽默進牢房，就是使監獄也變成一個有歡聲笑語的地方，這樣最容易讓受刑人變得情緒平和。添加幽默的因素會幫助改善心態，減少他們對社會的抵觸情緒。同時，幽默還可以幫他們增進人際溝通，從而增強自信。

但並非所有幽默都是積極的。加拿大心理學家馬丁（Rod Martin）根據個人使用幽默的不同方式將幽默劃分為自強性幽默、和諧性幽默、敵對性幽默和自毀性幽默。前兩種幽默旨在使人自強不息和與人為善，這才是我們構建和諧社會所提倡的幽默；而後兩種幽默意是惡作劇或過分拿自已尋開心，應該避免。

心理諮商小知識

幽默治療走向社會

目前美國幽默治療的組織正大力將小丑逐步推向社會，做為緩解壓力、和諧關係的一種手段。為此，多家的小丑訓練學校還專門開設了幽默治療課程，教授人們怎麼將小丑的表演與生活壓力銜接起來。在會上，我遇到好幾位經過小丑訓練的護士、醫生、社工等，他們都在各自的領域中推廣幽默治療。其中一位名叫Pat的護士告訴我，在訓練學校中，她要置辦小丑的全部行頭，裝扮起來還真像馬戲團表演的演員。另外，小丑滑稽的動作、幽默的語言也是必不可少的訓練專案。他們學成之後就要到養老院、醫院候診室、病房等地做幽默演出。起初，他們只是做一些簡單的滑稽動作，後來就將一些寫有笑話的小卡片遞到人們手中，讓大家在笑聲中化解壓力，重拾生活歡樂。

我的督導故事之七：理解我是誰

學習心理諮商的人要做自我的心理分析，這是我的任課老師的主張。他在上課第一天就明確告訴大家：凡欲從事心理諮商工作的人員，本人也應有被心理諮商的體驗，不然怎麼能感受到案主的內心體驗呢？因此，我決定接受心理諮商！

然而，我要接受什麼樣的心理諮商呢？我能從心理諮商中獲得什麼益處？我見了心理諮商師會不會證明我有心理問題？我為學心理諮商而接受心理諮商，這樣合適嗎？帶著這一系列的疑慮，我來到哈佛大學的心理諮商中心，約見了一位男性心理諮商師。

第一天去見他，我心裡充滿了疑慮，擔心他會認為我是沒事找事，浪費他的時間和精力。沒想到，他聽完我的陳述後，很幽默地說：「歡迎你加入我們的行列，你會發現自己有很多問題。」

「有什麼問題？」我緊張地問。

「有心理問題呀！」他笑著說，「例如，你為什麼要學習心理諮商，這本身就是一個心理問題！」

「我學心理諮商是因為自己有心理問題，你不是在開玩笑吧？」我更感困惑了。

望著我緊張的樣子，他頗為嚴肅地接著說：「其實我講你有心理問題，不是指你有什麼心理毛病或心理疾病，而是指你有許多心結沒有得到化解或認識。」

「咳──」我長舒了一口氣說，「你是指我有很多心結沒有化解或認識到，這不是每個人都有的現象嗎？」

他點點頭說：「對呀，不光你有許多，我也有許多。專業上，這叫未完成情結，老師沒在課上講過嗎？」

「老師是提過，但我從未聯繫到自己身上。」我頓了一下又問，「你憑什麼說我學心理諮商是有自身的心理問題？」

「不是心理問題，而是心理情結，我這麼講是泛泛而談，因為每個人喜歡一樣事物都有其深刻原因。這就好比同樣是漂亮的女孩子，你會特別喜歡某一種類型的，而不喜歡另一種類型的。這其實是一種自我需要的投射，反映了你的某種潛意識需求。」

我想了想說：「但你還是沒有回答我的『我學心理諮商是因為自己有心理問題』的提問。」

「既然你現在就在學心理諮商，倒不如你給自己做個心理分析，你為什麼要選擇學習心理諮商，是什麼心結在推動你？」

「這——」我一時語塞，心想這心理諮商師的嘴真夠厲害。

「一時想不出來吧？我給你一個提示，你學心理諮商是為了幫助誰？」

「當然是為幫助別人啦！」我不假思索地回答。

「不完全對，其實也是為了幫助你自己！」他詭祕地說。

「幫助我自己什麼？」我更感困惑了。

「這就是我給你的提示，你自己好好想想。」

我沉吟了一陣子說：「我想我是想更加瞭解自己，完善自己吧。」

「瞭解你自己什麼，完善你自己什麼？」他緊逼著問。

「瞭解我的長短處，然後儘量做到揚長避短。」我遲疑地說。

他眼睛長時間盯著我，慢慢地說：「其實，不盡其然，所有的心結或情結都是無意識或下意識的，不是你自己可以理性分析得出來的。所以你還是沒能回答我的問題。」

這傢伙太厲害了！本來是他回答不出來的問題，現在完全推到我頭上了。此時我想起老師課上講過的靜默技巧，決定加以利用，所以我也盯著他的眼睛，不做回答。

對視了一陣子，他主動開口說：「你的靜默表示想要我替你回答，老實告訴你，我真的不能替你回答，雖然我真心想這樣做。我還可以老實告訴你，不挖掘出你在心理諮商中的潛意識情結，你就做不好心理諮商，也不配做心理諮商，因為你需要明確瞭解自己在諮商過程中的移情和反移情表現。」

我機械地點點頭，品味他這句話的涵義。

「這樣吧，我看今天你和我都不能回答這個問題，倒不如你回去好好反思一下，我們下次接著談。」

我點點頭，起身欲離去。不料他打手勢讓我坐下，問：「說說看，今天你來找我，有什麼感受？」

我想了一下說：「我最大的感受是做為一個心理諮商師，我們不僅要分析別人，還要分析自我。這是我從未想過的問題。」

他點點頭問：「還有什麼呢？」

「還有就是心理諮商師要善於啟發案主思考，就像你今天啟發我一樣，讓我感到你的嘴真是夠厲害的呀。」

他又點點頭說：「我承認今天對你的口氣是硬了一點，我完全可以與你多建立一些同感後再切入主題。但我今天這樣做是針對你對心理諮商的一個偏見。」

「什麼偏見？」我緊張地問。

「就是學心理諮商的人不需要做心理諮商。你說是嗎？」他笑問。

「我有嗎？有了我就不會來見你了。」我自辯道。

他沒有直接回應我的話，而是問：「那你覺得今天的會面有收穫嗎？」

「很有收穫。」我點點頭。

「那就好！」

就這樣我們結束了那天的會面。在之後的會面，我愈來愈感到心理諮商中自我分析的重要性，也挖掘出我許多未完成的心結。在此基礎上，我後來寫出了《少年我心》這本書，我真要好好感謝那位心理諮商師為我開了竅。每個心理諮商的執業者都要對自己做心理分析。

誰是我背後的推手

心理督導的一個重要領域是幫助諮商師解答「我是誰」的問題，這包括確認對某一諮商流派的定向，確定對某類諮商流派的定向，確定對某類諮商的偏好（如自我形象諮商、婚姻諮商、厭食症諮商等）著重操練某幾項諮商技巧，挖掘個人的未完成情結與反移情表現等。這從各方面增強了諮商師對職業自我的瞭解。

例如，我在哈佛大學修心理諮商理論課時，老師曾設計了一項作業——找同學彼此做心理諮商，然後寫成報告上交。我找到了一個男同學做諮商練習，他是一所中學的副校長。我們議定談各自生活與工作煩惱，然後給對方做心理諮商。我談的問題主要是現階段的學習和生活壓力，而他談的問題則是工作中遇到的困惑煩惱；而在給彼此做諮商時，我總是有意無意地替他做問題分析，他卻總是有意無意地鼓勵我積極面對困境。

我們把這一現象歸因為文化作用的結果，即中國文化重師生關係的指導性，西方文化重師生關係的自主性。但後來我們發現，這種歸因方法有失全面，因為我雖然好替他做問題分析，卻並未具體指導他該怎麼做；他雖然好對我進行鼓勵，卻沒有深入展開。帶著這個問題我們去請教老師，他告訴我們如果彼此的差異不是文化的作用，那一定是人格的作用了。

那麼，又是什麼因素導致了我們的這種選擇差異呢？老師提示，人格因素可能是個人生活經歷的作用，也可能是教育薰陶的作用。至於哪一種因素比較重要，需要我們自己去挖掘。由此，我們倆又對彼此諮商取向的人格基礎做了一番分析。結果發現，我之所以看重洞察力是因為在潛意識中把心理諮商當學問來做了，所以對我來說，心理諮商之奇妙莫過於其給人帶來睿智和啟發；而他之所以看重心理諮商的自強力是因他曾一度是個行為偏差的學生，後來在老師的鼓勵下徹底改變自己，所以對他來說，心理諮商的威力莫過於它給人帶來的人格變化。

我們每個人在心理諮商的學習和實踐中，都深受各自的人格成長和生活閱歷的影響。這種影響多半是無意識的或下意識的，一個訓練有素的諮商員應該不斷探索這些影響的表現，並主動地加以調整和轉變。這便是對「我是誰」的思考。

我到哈佛大學心理諮商中心實習諮商後，就更加關注這個問題，並時常與督導加以探討。他們對我的主要結論有：

• 我對心理諮商的理論興趣要遠遠大於實踐操作。
• 我對洞察力的領悟要遠遠勝過對同感力的把握。
• 我對精神分析或心理動力學流派有著本能的愛好。
• 我更適合做個人諮商，而非團體諮商。
• 我從事心理諮商最大的優勢是長於思考。
• 我從事心理諮商最大的問題是過於主動。
• 我從事心理諮商培訓教育會比直接做心理諮商更有成就感。

對於督導的上述結論，我不是每一條都立即接受。但隨著時間流逝，我愈來愈領悟到他們對我的「我是誰」的洞察力。這也深深影響了我後來的職業生涯規劃與事業發展。

心理諮商小知識

美國心理學會對諮商心理學的認證要求

美國的諮商心理學資格認證制度包括培養機構資質的認證和學校心理健康教育工作者資格認證兩個部分。培養機構資質需要得到美國心理學會（APA）的認證。美國心理諮商師的資格認證又分為兩類，一類是州強制的資格認證，一類是國家水準的自願的資格認證。

其中州的資格認證由州政府的教育部和心理學審查委員會分別負責諮商心理學與心理健康教育工作者的資格審查和執照頒發。每個州的資格認證標準差異很大，但一般都要滿足教育、考試和督導下的實踐經驗等三個方面的要求。教育要求主要是指獲得心理學碩士、心理學博士學位及以上學位並獲得執照，可以在督導的指導下開業。考試要求是指州政府組織的EPPP（Examination for Professional Practice in Psychology）考試，有些州還會加試法學、倫理學等。此外，資格證書和執照都有不同檔次，有全國通行的、有州內通行的，這主要根據申請人學位水準、經驗和各州的規定來確定。

國家水準的資格認證是由國家諮商員認定委員會負責，有職業、老人學、心理健康、學校和成癮等五種專業資格。諮商心理師的最低標準是獲得心理學或相關專業碩士及以上學位，有兩年研究生畢業後的心理健康與教育工作經驗（包括在督導指導下的實踐經驗），通過國家諮商員考試，並且還要求繼續教育和遵守有關的倫理標準。

我的督導故事之八：一日三省

如果說同感力與洞察力是心理諮商師的看家功夫，那麼反省力則是心理督導的基本功。簡單說來，反省力指諮商師對自我在心理諮商中對諸項技巧之運用成效的內省能力。這通常包括對同感表達、言（體）語交流、清晰概念、解析、面質、澄清、沉默等諮商技巧運用的自我監督、批評、完善的能力。由此。反省力是一個良好習慣的培育過程，它要求諮商師不斷反思、省悟自己在諮商過程中說過的每一句話語，做過的每一個判斷，並做出及時的調整。從這層意義上講，諮商師的能力成長在很大程度上也是靠自我的不斷醒悟來完成的。

哈佛大學心理學教授霍華德・嘉納提出，人的智力有七種形式，其中之一就是內省智力（Intra-personal intelligence），它泛指個人認識、洞察和反省自我的能力，表現為能夠正確地意識和評價自身的情緒、動機、欲望、個性、意志，並在正確的自我意識和自我評價基礎上形成自尊、自律和自制的能力。它包括個人能夠及時體察內心變化的能力、及時發現自我優缺點的能力和及時調整自我狀態的能力。心理諮商是聽與說的藝術，要求一個人對自己在諮商中的所言所思、所做所為具有高度的反省力。而內省智力對心理諮商反省力有極大的推動，諮商師的自我成長亦有賴於內省智力的完善。內省智力可謂諮商師的基本專業要求與訓練，也是諮商師覺察力的基礎。

霍華德・嘉納發表了《發現7種ＩＱ》（*Frames of Mind: The Theory of Multiple Intelligences*）一書，提出了一種全新的有關人類智力結構的理論——多元智力（也稱作多元智慧）理論。在他看來，智力並非像傳統所說是以語言、數理或邏輯推理能力為核心，也並非是以此做為衡量智力水準高低的唯一標準，而是以能否解決實際生活中的問題和創造出社會所需要的有效產品的能力為核心。

霍華德・嘉納強調，自我認知智力強的人通常能夠維持寫日記或睡前反省的習慣：經常試圖由各種回饋管道瞭解自己的優缺點；經常靜思以規劃自己的人生目

霍華德．嘉納

（Howard Gardner，一九四三~），世界著名教育心理學家，最為人知的成就是「多元智慧理論」，被譽為「多元智慧理論」之父。現任美國哈佛大學教育研究生院心理學、教育學教授，波士頓大學醫學院精神病學教授。任哈佛大學「零點項目」研究所主持人，專著超過二十部，發表論文數百篇。超過二十所大學頒給他榮譽學位，《紐約時報》稱他為「美國當今最有影響力的發展心理學家和教育學家」。

標。心理諮商是聽與說的藝術，其能力的提高要求一個人對自己在諮商中的所言所思、所做所為具有高度的反省力。而內省智力對心理諮商反省力有極大的推動，諮商師的自我成長亦有賴於內省智力的完善。

我在哈佛大學心理諮商中心實習時，每星期都要分別見兩至三位督導。常常是同一段心理諮商對話錄音要播放好多回[1]，從不同角度不斷覺察、探討其中的問題與不足，並反覆商討怎麼說（或做）效果才會更好。如此一久，我對自己在諮商過程中的言行表現養成了一種本能的質疑思考習慣。到後來，我時常不需督導指點就可以滔滔不絕地做自我分析。

例如，我為一位名叫嘉慧[2]的女生做諮商時，起初我只是不斷地認同她無法承受父親強迫她報考哈佛大學法學院的挫敗感。在與督導芮內會面中，她提醒我嘉慧訴苦只是表面需求，她的深層次需求是尋求我支持她逆反父親的理由。由此，我愈是與她談同感共情、換位思維，就愈會強化她的挫敗感和學習無助感。相反，唯有與她探討怎樣與父親有效地溝通，才能強化她面質父親、理解父親，並找到做自己命運主人的信心與能力。芮內的督導給了我極大的啟發，使我省悟出自己對同感理解的一個誤區：同感既可幫助一個人宣洩不良情緒，也可增強一個人習得無助感[3]。

又例如，我為一個名叫查理[4]的男生做諮商時，起初也是不斷啟發他做換位思維，理解自己對女友海倫的傷害，但督導杜希啟發我多在查理的人格缺陷上做文章，以幫助他看到其失戀背後的自我中心與完美主義之誘因。在為查理做諮商的那段日子裡，我感覺自己就像是一個話劇演員，一天到晚都在琢磨自己該說哪些話，怎麼說那些話，說了之後又有什麼效果，怎麼說才可以取得更好的效果。

由此，我感覺自己就像嬰兒那樣重新學講話。我把這一感覺告訴杜希，他笑笑說，學做心理諮商確實令人有重新學說話的感覺，因為你必須準確地說出每一句話，並準確地理解每一句話。

而這一切，都需要諮商師具有高度的反省力，正如曾子所言：「吾日三省吾身。」

心理諮商師的覺察自省

簡單說來，心理諮商覺察力（therapeutic reflective competence）就是諮商師學會自我反省，培養對自我的透明度，認識並化解自我的反移情能力。這包括個人能夠及時體察內心變化的能力、及時發現自我優缺點的能力和及時調整自我狀態的能力，主要包括以下部分：

1. 自我覺察：移情覺察、偏見覺察、人格完善覺察、自我防禦覺察等。
2. 言語覺察：口頭語覺察、常用語覺察、體語覺察、副語言覺察等。
3. 表情覺察：眼神覺察、笑姿覺察、眉宇覺察等。
4. 服飾覺察：服裝覺察、首飾覺察、髮型覺察等。

佛洛伊德曾言：「所有學習心理分析欲成為心理分析家的人，都必須先接受並完成個人的心理分析。」直到如今，精神分析與分析心理學的培訓還將自我的心理分析做為其核心內容。佛洛伊德還說：「在治療室內，任何事物都具有象徵意義。」由此，諮商師要用心覺察自我的神態語言、服飾語言、動作語言所可能代表的意義，這也是同感共情的基本要求。

心理諮商小知識

佛洛伊德的自我覺察與「俄狄浦斯情結」

例如，佛洛伊德在做自我分析時發現，他從小就對母親有一種特殊的依戀。這種依戀有著強烈的排他性和獨占性，甚至妒忌父親與母親的親密關係。由此，佛洛伊德得到了一個重要結論，即人類從小就有一種「性欲」，它構成了人最基本的「原欲」，可謂人一切精神力量的原動力。佛洛伊德將之稱為「性動力」或「性原欲」。在此基礎上，佛洛伊德創立了「俄狄浦斯情結理論」（oedipal complex），是他精神分析學的基本理論之一。

一八九七年十月十五日，佛洛伊德在一封自我分析的信中提出，「俄狄浦斯情結」的兩個核心因素是對雙親一方的愛戀及對另一方的妒恨。他認為這是童年心理活動的基本內容，也是人類一切複雜的精神現象的「胚芽」。此後，佛洛伊德在講述精神分析學時，都以「俄狄浦斯情結」為其核心。這便是他覺察自省的巨大收穫！

❖ 註釋

1 在哈佛大學心理諮商中心實習時，我每見一位來訪學生都會徵求他同意將諮商過程錄音下來，以便我後來見督導時進行探討之用。

2 嘉慧是〈職業選擇：聽自己的，還是聽父母的〉的案主，因父親強迫她報考哈佛大學法學院而找我諮商，我運用「案主中心療法」幫助她學會與父親溝通，做自己命運的主人。

3 「習得性無助」是指人或動物在特定的情境中由於其行動結果重複性失去控制而習得的無反應或麻木狀態，即使以後當事件完全處於控制下時，個體也不努力去控制，而覺得希望渺茫無所作為，是一種由於後天學習而形成的無能為力的心理體驗。

4 查理是〈愛情神話的破滅〉的案主，他因失戀找我諮商，我運用「理性情緒療法」幫助他發現在失戀中的責任，並學會寬恕女友與自己。

我的督導故事之九：相互督導威力大

我在哈佛大學心理諮商中心實習時，另有三位臨床心理學與諮商心理學的博士生也在實習並接受督導。平常我們每個人都是各忙各的，但有幾次杜希組織我們四個人相互督導，發現各自的問題，其成效不亞於個別督導。

在這些活動當中，我印象最深的一次是關於同感技巧的相互督導。那次活動分兩個部分：理論探討和實際操練。就理論探討部分，我們委託其中一位博士生就什麼是同感做了一個深入的理論概述。她從佛洛伊德的觀點說到羅傑斯的想法，從在「案主中心」的功能說到在「行為療法」中的作用，其中我記憶最深的是阿德勒（A. Adler）的比喻——同感是穿上病人的鞋子來觀察與感受病人的體驗，以及羅傑斯的理念——同感就是無條件的積極關注和諮商師的一致性。

做完報告，那個博士生要求我們每個人都用自己的語言來描述什麼是同感。我對同感有四條比喻：

1.情感對焦：同感就如同舊式照相機一樣，需要不斷地對焦，來調整畫面的清晰度，否則就會給人含混不清、似是而非的感覺。

2.思維並軌：同感就如同火車軌道一樣，如果諮商師不能進入對方的內心世界，就像兩條鐵軌永遠不能並到一塊去，那是同感的最大失敗。

3.接話題：同感的成功表現是案主說出上半句話，諮商師能夠準確地說出下半句話。

4.說貼心話：同感的最高境界是案主無論說什麼，諮商師都能說出他的心裡話，令對方倍感溫暖。

我的四條比喻受到了另外三位博士生的一致認可，他們還十分欣賞我的概括力和形象思維能力。隨後，我們每個人都拿出一段諮商錄音播放，讓大家批評指正。往往一句話就議論好久，當事人自己想不到的都讓大家想出來了。我那次播放的是我給莫妮卡的諮商錄音，他們很快就聽出我對她不斷說教、建議的問題，並建議我下次再見她時少評論，多提問。其中一位博士生還提醒我這是在替莫妮卡做主，犯了心理諮商之大忌。

後來，我與杜希專門談了我對這次活動的感受，他笑著對我說：「我說你長於理論分析，卻短於傾聽同感，你相信了吧？」再後來，我把這歸結為「紹興師爺情結」——說得多，聽得少；教得多，議得少。當我跟其他三位博士生分享這一發現時，他們異口同聲地說：「你看，又來理論分析啦！」

共同督導使我們每個人都看到自身業務成長上的弱點，也更增進了我們之間的信任與情誼。實習結束時，我們四個人一起吃飯慶祝，說著說著我們又說回各自的諮商問題，感覺又是另一次共同督導。

共同督導威力大，所以當我一九九一年回國講學，得知學員們沒有督導時，就極力建議大家建立聯合督導的機制，定期聚會，輪流坐莊，面對諮商中的疑難問題集思廣益，群策群力，最終帶動大家共同成長。

我的建議受到了北京大學心理諮商界同行們的認可，他們堅持了好幾年的聯合督導，受益匪淺。一九九四年我再次回中國講學時，聽說這點，倍感欣慰！

相互督導中培養自我透明度

培養自我透明度是諮商師個人成長的一個重要方面，也是諮商督導的一個重要內容。所謂自我透明度，指的是諮商師對自我從事心理諮商行業所存在的種種個人問題的深入瞭解與洞悉。

在專業上，這突出表現為諮商師對個人的種種未完成情結與反移情傾向的深刻認識，其缺乏瞭解可能給諮商過程帶來不必要的誤導和傷害。培養自我透明度，旨在使諮商師幫助他人成長的同時，也幫助自我成長。畢竟對自我沒有充分瞭解的人，是不配也不可能幫助他人充分瞭解自我的。

就精神分析而言，反移情是諮商師由於其以往生活經歷和人際關係作用對案主形成的心理反應傾向，是一種對特定人物、事件、環境等的定勢思維，或是一種因情感投射而產生的特殊偏好、偏見，終而形成某種情結表現。反移情是一面鏡子，「照出」一個諮商師在諮商過程中可能出現的種種有意識、無意識的認知、情感意向。

在哈佛大學實習諮商時，在相互督導的過程中，發現我在諮商中常由於「二外沉浮情結」的作用而對案主做過多的鼓勵與說教。具體地說，我當初在北京第二外國語學院讀書時（我的大學本科是北京第二外國語學院英語系），曾有過一段巨大的學習沉浮：大一開學考試時，我的成績在班內名列前茅；到了期中考試時，是中等水準；到了期末考試，卻落到最差的等級。為了改變學習的落後局面，我犧牲了許多節假日，終日學習不倦，如此到了大三，成績終於開始回升，並重歸前茅之列。這段曲折經歷使我對挫折有一種強烈的期望，就是透過鍥而不捨、堅持不懈來改變局面。久而久之，這種期盼便形成了一種定勢思維，也成了一種情結表現。

由於我的「二外沉浮情結」，在為麗莎做諮商時，很快就找到了共同語言，並能夠獲得她的充分尊重與信任。然而在給莫妮卡諮商時，我的「二外沉浮情結」對我的諮商起了許多阻礙作用，首先，它影響了我的同感交流，內心深處總是想拿自己當初的輝煌去激勵她；其次，它使我誤判了莫妮卡的問題核心，一直以為她的問題是適應不良與缺乏鬥志；再次，它使我不善傾聽莫妮卡的傾訴，關注焦點一直停留在問題表面。說白了，我就是拿著自己去幫助別人，按照自己的生活經歷去塑造他人的生活。這是典型的反移情表現，使我很快落入主觀武斷、按經驗辦事的陷阱，對莫妮卡空談「堅持就是勝利」的道理，一再忽略她愧疚感的內因，最終使她對我的諮商產生了巨大阻抗。

心理諮商既要幫助別人瞭解自己，也需要不斷地加深對自我的瞭解。前者是幫助別人認清自我成長中的種種誤區，後者是發現自我能力完善上的個個盲點。「二外沉浮」經歷對我來講，既是一種資源也是一種阻礙。我需要對此有清醒的認識，以便在工作當中加以靈活運用。這便是自我透明度的作用。

總之，心理諮商行業區別於其他行業的一個突出標誌是，它非常注重諮商員個人的成長，其中一個重要的方面就是增強對自我的瞭解。發現個人的反移情表現，認清自我透明度的盲點，是諮商師一生一世的職業挑戰。

心理諮商小知識

佛洛伊德對移情的體驗和理解

伊米夫人從一八九八年五月一日起接受佛洛伊德的宣洩治療（catharsis therapy）。在治療中，佛洛伊德使用了夢遊法，加以暗示、推拿等方法。在治療中，他發現治療效果的好壞取決於病人與醫生的個人關係。如果雙方關係不好，則所有療法都會失效；如果雙方關係很好，則所有療法都會生效。

一天，伊米夫人突然用雙臂摟住佛洛伊德的脖子，表示很享受治療過程。此時恰好一位工作人員進來，才把佛洛伊德從尷尬中解救出來。這件事情使佛洛伊德認識到，醫生與病人的關係對治療效果有重大作用，就是因為人類的神經活動大都以性欲為基礎。

在此後二十年裡，佛洛伊德不斷指出「移情現象」證明了神經衝動起源於性欲，這使得他更加堅信性衝動是精神現象的本源。

我的督導故事之十：
從事心理諮商的苦與樂

學了近兩年的心理諮商，我有幸申請到哈佛大學心理諮商中心做兩年的心理諮商實習，這是一段苦樂參半的日子。先說做心理諮商之樂，我曾一再為人帶來登峰體驗。其中令我印象最深的是為羅伯特做過的諮商，他的女友安娜愛上了另一個男生，這使他痛心疾首，整日都沉浸在與安娜共處的痛苦回憶當中，晚上時常泡在酒吧裡借酒澆愁。羅伯特堅信安娜早晚是屬於他的，也與他最匹配，他愈是這麼想，就愈不能擺脫失戀的折磨。

為羅伯特做諮商時，我沒有否定他愛安娜的合理性，只是竭力幫助他反省在與安娜戀愛當中，哪些方面令他十分滿意，哪些方面令他不甚滿意，久而久之，我便勾畫出了羅伯特心目中的理想戀人形象；然後，我又讓他列舉出過去和現在的生活中，哪些女性符合他的理想戀人標準，他列舉出一大堆人物，其中有他的同學朋友，還有小說和銀幕人物。

如此談著談著，我們談論焦點不再是安娜與羅伯特的分手痛苦，而是羅伯特到底要找一個什麼樣的戀人。羅伯特愈說愈興奮，愈說情緒愈高昂，最後總結說，他與安娜相愛從來沒有認真想過安娜在哪些方面適合他，在哪些方面不適合他。現在看來，安娜也不是完美無缺的。

羅伯特不再為與安娜分手而痛心無比。他堅信只要自己明白到底要找什麼樣的女友，機會總會出現的。這何嘗不是一種因禍得福呢？失戀不失意，這就是我為羅伯特帶來的登峰體驗。

像這樣透過改變案主的認知來調整其心態的成功諮商，我曾做過許多次，而每一次諮商成功，我也伴有一種登峰體驗，後來，我把這些案例整理成冊，出版本書。然而，在哈佛大學做心理諮商，不是每天都感覺生活在歡樂谷似的。首先，我飽受「聽評書掉淚，替古人擔憂」的折磨，因為每個案主到我這裡諮商，都要宣洩其憂愁煩惱，實際上是在我的頭上傾倒其內心的情感垃圾，而我必須照單全收，再加以淨化處理。聽多了，真是感到心累，畢竟我也是人！一段生活的不幸或一曲愛情的悲歌，可以令我心情久久不能平靜。

其次，我要時時面對「話說得不得體，還不如什麼都不說」的苦惱。這是我的督導掛在嘴邊的一句話，提醒我們時時刻刻反省自己說過的每一句話。從小到大，我基本上是想什麼說什麼，但自此之後，我必須學會說什麼想什麼，這是心理諮商的基本功訓練。害得我一度都不敢張口說話了，感覺一開口就出錯，我從來沒有這麼缺乏自信過。

還有，我在哈佛大學心理諮商中心實習工作的兩年間，每週工作十八個小時，卻分文未得，這是因為在美國大部分的心理諮商實習都是沒有經費資助的[1]。所以，一方面我竭力幫助別人調整心態，另一方面我自己的心態一直處於不平衡中，畢竟我可以用同樣的時間去做其他有經濟回報的工作。我時常想，這樣努力把每個案主送上山峰，可是我自己為什麼總是感覺在山腳？

歡樂也好，煩惱也罷，兩年的實習使我充分認識到做心理諮商工作本身就是培養一個人的積極心態。如果一個諮商心理師不能從骨子裡練就出一身辯證看待得失、積極面對挫折的功夫，他就算再有心理諮商的悟性和洞察力，也做不好這項工作。因為他的心態不對，早晚會影響他對人對事的態度。說到底，不能助己，焉能助人！

心理諮商是配方加偏方

在我對心理諮商近三十年的學習、教學和實踐中，我深深地感到：心理諮商是配方加偏方。心理諮商之所以是配方，是因為心理諮商與治療的有力實施，需要在案主的問題性質及個人氣質與諮商師的個人風格及主攻方向之間尋求平衡，達到兩者的最佳匹配。那樣才能使諮商師對案主的問題靈活調整，應對自如。諮商心理師對此不可不察，否則就會出現「以不變應萬變」的尷尬局面，令心理諮商找不到切合實際的方向。

心理諮商之所以是偏方，是因為心理諮商做為一種非藥物性治療手段，沒有標準化的診斷與治療手冊。也就是說，心理諮商師在面對案主的主述問題時，往往根據自身的實踐經驗、生活閱歷和主攻方向來為案主提供個性化服務。在這層意義上講，心理諮商師的角色定位，與其說是像西醫師，倒不如說是像中醫師。因為正如中醫調理一樣，沒有哪一種疾病的調理（如脾、肝、腎病）會用完全統一的藥方；也沒有哪一個中醫師會用一模一樣的藥方去處理同一類型的問題；同樣，在心理諮商中，沒有哪一個心理問題的諮商（如婚姻問題、擇業問題、親子教育問題）會得到完全統一的疏導；也沒有哪一個心理諮商師會用一模一樣的模式去處理同一類型的心理問題。

由此，心理諮商師要根據案主的特定問題、特定氣質、特定需求採取特定的心理諮商方法與手段。在這層意義上，諮商師類似於藝術家，在心理諮商的杏林裡尋求確立個人化的諮商風範與表現。

心理諮商小知識

心理諮商師的氣質養成

心理諮商師要十分注意自己的形象塑造，要清醒意識到會給案主帶來什麼暗示作用。總統的造型重在表現活力與自信，經理的造型重在表現閱歷與能力，諮商師的造型則重在表現尊重與神祕。

心理諮商一定要給人留下美好的第一印象，這就要求諮商人員對自己的服裝、配飾、表述、用詞、神態、目光、發音、語調、語速、肢體語言、知識結構等都深有講究，以最大限度地發揮其積極向上的象徵意義和暗示作用。心理諮商師要根據自己的相貌、身材、專業取向、社會閱歷等特點來設計個人的專業形象，使自己順眼、養眼，但不搶眼。

就像畫家要有自己的畫風，文學家要有自己的文風，諮商師也要有自己獨特的形象設計和諮商風格。諮商師要給人們親切卻又神祕，簡潔卻又深奧的感覺。佛洛伊德手夾雪茄的造型堪稱他的經典亮相，給人巨大的權威感和神祕感。同樣，榮格的蝴蝶結造型也是他的個人風範，給人學者的鮮明感覺。

患者去醫院看病，不會在乎醫生是個什麼長相、裝扮、說話樣子，只要他的醫術高明就行。但案主尋求心理諮商卻會很在意諮商師與他有沒有「眼緣」，能不能令自己信服。

❖ 註釋

1 在美國，絕大部分心理諮商實習都沒有經濟收入，是師父帶徒弟的延續。

Knowledge系列 006

走進哈佛大學心理諮商室

作　　者—岳曉東
主　　編—邱憶伶
責任企劃—葉蘭芳
封面設計—江宏達
董 事 長—趙政岷
總 經 理
總 編 輯—李采洪
出 版 者—時報文化出版企業股份有限公司
一〇八〇三臺北市和平西路三段二四〇號三樓
發行專線—（〇二）二三〇六—六八四二
讀者服務專線—〇八〇〇—二三一—七〇五
（〇二）二三〇四—七一〇三
讀者服務傳真—（〇二）二三〇四—六八五八
郵撥—一九三四四七二四 時報文化出版公司
信箱—臺北郵政七九～九九信箱
時報悅讀網—http://www.readingtimes.com.tw
電子郵箱—newstudy@readingtimes.com.tw
時報出版愛讀者粉絲團—http://www.facebook.com/readingtimes.2
法律顧問—理律法律事務所　陳長文律師、李念祖律師
印　　刷—勁達印刷有限公司
初版一刷—二〇一六年十一月十一日
定　　價—新臺幣三八〇元
（缺頁或破損的書，請寄回更換）

時報文化出版公司成立於一九七五年，
並於一九九九年股票上櫃公開發行，於二〇〇八年脫離中時集團非屬旺中，
以「尊重智慧與創意的文化事業」爲信念。

國家圖書館出版品預行編目(CIP)資料

走進哈佛大學心理諮商室 / 岳曉東作.
-- 初版. -- 臺北市 : 時報文化, 2016.11
面；　公分. -- (Knowledge系列 ; 6)

ISBN 978-957-13-6815-3 (平裝)

1.心理諮商 2.個案研究

178.4　　　105019645

原著作名：登天的感覺
作者：岳曉東
本書由天津磨鐵圖書有限公司授權出版，限在臺灣地區發行

ISBN 978-957-13-6815-3
Printed in Taiwan